Patton
O HERÓI POLÊMICO DA SEGUNDA GUERRA

Proibida a reprodução total ou parcial em qualquer mídia
sem a autorização escrita da editora.
Os infratores estão sujeitos às penas da lei.

A Editora não é responsável pelo conteúdo deste livro.
O Autor conhece os fatos narrados, pelos quais é responsável,
assim como se responsabiliza pelos juízos emitidos.

Consulte nosso catálogo completo e últimos lançamentos em **www.editoracontexto.com.br**.

GUERREIROS

PATTON
O HERÓI POLÊMICO DA SEGUNDA GUERRA

João Fábio Bertonha

Copyright © 2011 João Fábio Bertonha

Todos os direitos desta edição reservados à
Editora Contexto (Editora Pinsky Ltda.)

Foto de capa
General George Smith Patton, Jr. uniformizado (reprodução)

Consultoria e coordenação de texto
Carla Bassanezi Pinsky

Montagem de capa e diagramação
Gustavo S. Vilas Boas

Preparação de textos
Lilian Aquino

Revisão
Rinaldo Milesi

Dados Internacionais de Catalogação na Publicação (CIP)
(Câmara Brasileira do Livro, SP, Brasil)

Bertonha, João Fábio
Patton : o herói polêmico da segunda guerra /
João Fábio Bertonha. – 1.ed., 2ª reimpressão. – São Paulo :
Contexto, 2022.

ISBN 978-85-7244-649-5

1. Comando de tropas 2. Generais – Estados Unidos – Biografia
3. Guerra Mundial, 1939-1945
4. Guerra mundial, 1939-1945 – Campanhas – Norte da África
5. Patton, George Smith, 1885-1945 I. Título.

11-05645   CDD-973.920

Índice para catálogo sistemático:
1. Estados Unidos : Generais : Biografia   973.920

2022

EDITORA CONTEXTO
Diretor editorial: *Jaime Pinsky*

Rua Dr. José Elias, 520 – Alto da Lapa
05083-030 – São Paulo – SP
PABX: (11) 3832 5838
contexto@editoracontexto.com.br
www.editoracontexto.com.br

SUMÁRIO

Introdução 7

Um soldado em formação (1885–1918) 11
    As origens familiares 11
    Em West Point 15
    Um jovem oficial 17
    Com Pershing no México (1916) 18
    Os Estados Unidos e a Primeira Guerra Mundial (1917–1918) 21
    Patton e os campos de batalha da França 23

Um guerreiro à espera do seu momento (1919–1942) 35
    A defesa da arma blindada (1919–1920) 36
    Entre tanques e cavalos: Patton nas décadas de 1920 e 1930 38
    Um oficial conservador 43
    Um guerreiro de alma nova num novo Exército (1939–1942) 46

A Segunda Guerra Mundial: África, Sicília e Overlord 55
    Operação Torch: Argélia e Marrocos 55
    Husky: a invasão da Sicília 61
    Sicília: um general em maus lençóis 64
    Patton e a preparação de Overlord 68

A Segunda Guerra Mundial: França, Alemanha e as Ardenas........... **73**

Um golpe de mestre:
o norte da França e o avanço para a Alemanha 73

As Ardenas: um milagre tático 80

Para a Alemanha........................... 84

Contra a União Soviética 88

Patton e o 3º Exército em batalha: uma avaliação 90

Polêmicas, a morte e a memória **99**

O governo militar da Baviera 101

Uma carreira política? 103

A morte............................ 105

A memória e o mito Patton 109

O homem e o soldado...................... **117**

Um gênio militar?......................... 117

Patton e seus aliados e rivais 121

Patton e a guerra contemporânea 127

Conclusões **133**

O discurso de Patton ao 3º Exército antes da invasão da França 136

Fontes e bibliografia comentada **143**

Filmes e documentários citados...................... **149**

Carreira militar de George Smith Patton, Jr. **151**

Cronologia geral...................... **153**

O autor...................... **157**

Introdução

Em 3 de agosto de 1943, o general George Smith Patton, Jr. visitava um hospital de campanha do Exército dos Estados Unidos na Sicília quando um jovem soldado de 27 anos – Charles H. Kuhl – chamou a sua atenção por não parecer ferido. Ao saber que Kuhl estava no hospital por exaustão nervosa, o general Patton se enfureceu e, após chamá-lo de covarde e insultá-lo com obscenidades, o esbofeteou e chutou para fora da tenda onde estavam os feridos.

Alguns dias depois, em 10 de agosto, um incidente semelhante ocorreu em outro hospital. Nesse dia, Patton não apenas insultou e ameaçou com o fuzilamento o soldado Paul G. Bennett, mas também usou uma de suas famosas pistolas para atingi-lo com o cabo de marfim. Quando o soldado caiu, aos prantos, Patton o golpeou novamente e, em seguida, deixou o local proferindo mais obscenidades.

Por acaso, esses incidentes chegaram ao conhecimento de jornalistas americanos e constatou-se que ambos os soldados não eram covardes, tinham folhas de serviço respeitáveis e estavam realmente doentes. Especialmente o segundo incidente, amplamente divulgado pelos meios de comunicação, gerou uma série de protestos contra o general. Disciplinado por seu comandante em chefe, Eisenhower, Patton teve que se desculpar publicamente. Com isso, escapou de ser removido do comando, um posto muito cobiçado. Não obstante, o episódio marcou a sua biografia e tornou-se emblemático da complexa personalidade de um dos generais mais famosos, eficientes e polêmicos da Segunda Guerra Mundial.

Patton realmente era um homem contraditório. Originário de uma família rica e poderosa (sendo considerado o oficial mais rico do Exército dos EUA na sua época), era capaz de falar a linguagem simples dos soldados. Seu poder de persuasão podia levá-los aos maiores sacrifícios, fazendo de Patton um comandante amado e odiado ao mesmo tempo. Tímido e inseguro, em alguns momentos, mostrava-se um líder decisivo em outros. Sabia, como nenhum outro oficial, comandar tropas em batalha. Exigia disciplina e obediência dos seus comandados, mas entrava constantemente em conflito com seus superiores. Muitas vezes, encontrou meios criativos de desobedecer a ordens sem ser punido.

Sentia-se perfeitamente à vontade com cavalos e espadas, mas tinha uma habilidade especial em lidar com tanques, blindados e outros elementos da guerra motorizada do século XX, na qual foi um mestre. Seu desempenho durante a Segunda Guerra Mundial foi decisivo para a derrota do nazismo, mas Patton nutria preconceitos contra negros e judeus. Além disso, tinha uma grande aversão ao comunismo e à União Soviética, então aliada do seu país.

É a vida desse homem tão contraditório o tema deste livro. Do seu nascimento, em 1885, passaremos pela sua infância e adolescência na Califórnia e a sua formação militar na Academia de West Point, onde Patton se graduou em 1909. Também veremos sua participação na expedição do general Pershing, no México, em 1916, e nas trincheiras da Primeira Guerra em 1917-1918, assim como o desenvolvimento de sua carreira militar durante o período entreguerras.

O foco maior do livro será, contudo, os quatro anos (1942-1945) em que ele construiu a sua fama de eficiente comandante militar, nas campanhas no norte da África, na Sicília e, especialmente, nas sangrentas batalhas no norte da França e na Alemanha, até sua morte, em 1945.

Completam o quadro uma análise de como se construiu o "mito Patton" a partir de então (especialmente em filmes e livros produzidos depois de sua morte) e uma reflexão sobre a sua influência no pensamento militar contemporâneo.

Sobre Patton, produziu-se uma quantidade monumental de livros e artigos, de qualidade desigual, e, com o advento da internet, existem sites sobre ele, com os mais variados enfoques. Na sua imensa maioria, são textos embasados em pouca pesquisa documental, que repetem os lugares-comuns e as lendas a seu respeito, sem uma preocupação maior em retratar o homem e o militar por trás dos fatos narrados. Como não podia deixar de ser, frente a uma figura polêmica como Patton, a bibliografia a seu respeito também é altamente polarizada, com defensores e inimigos do general expondo suas opiniões, nem sempre respaldadas por pesquisas adequadas.

Este livro baseia-se em uma bibliografia especializada, produzida por historiadores militares sérios e capazes de encontrar o homem atrás da mitologia. Textos mais gerais sobre a Segunda Guerra Mundial e a imensa gama de informações disponíveis sobre ele na rede mundial também foram utilizados, mas de forma secundária. A fonte principal desta biografia de Patton é a produção bibliográfica de maior qualidade, quase toda originária dos Estados Unidos, que li e analisei com o olhar crítico de um historiador especializado em temas militares e internacionais e com larga experiência nas guerras mundiais e na história dos Estados Unidos. Não há, no decorrer do texto, notas ou citações relativas ao material pesquisado. Para os leitores que quiserem conhecê-lo em detalhes, sugiro conferir a bibliografia comentada, ao final do volume.

Um soldado em formação (1885-1918)

AS ORIGENS FAMILIARES

George Smith Patton, Jr. nasceu em San Gabriel, Califórnia, em 11 de novembro de 1885, filho de George Smith Patton (1856-1927) e Ruth Wilson (1861-1928) e faleceu num acidente rodoviário, em Heidelberg, na Alemanha, em 21 de dezembro de 1945, aos sessenta anos de idade. Patton casou-se com Beatrice Banning Ayer (1886-1953) em 26 de maio de 1910 e teve três filhos, Beatrice (1911-1952), Ruth Ellen (1915-1993) e George Patton IV (1923-2004), que chegou ao posto de major-general no Exército dos Estados Unidos.

A família de Patton era de origem escocesa (o ancestral Robert Patton emigrara da Escócia para a América inglesa em 1770). George Patton nasceu na Califórnia, mas seus familiares tinham raízes profundas no sul dos Estados Unidos, onde, desde a chegada da Europa, vários de seus membros alcançaram importantes cargos políticos e militares. O general Hugh Mercer, personagem de destaque na Independência dos EUA, era seu parente, assim como John M. Patton, que governou a Virgínia. Outros de seus antepassados eram aparentados ou ligados por laços de família a James Madison, George Washington e outros "pais fundadores" dos Estados Unidos.

Durante a Guerra de Secessão (1860-1865), vários membros da família de Patton foram oficiais e, como "bons sulistas", todos serviram no Exército da Confederação. Seu avô, coronel George Smith Patton, foi morto durante a Batalha de Opequon, e um seu tio-avô participou da famosa "Carga de Pickett" durante a Batalha de Gettysburg, falecendo por conta dos ferimentos ali recebidos. Outros parentes foram coronéis e oficiais menores na Marinha e no Exército confederados.

O pai do futuro general nasceu em Charleston (hoje Virgínia Ocidental) em 1856 e graduou-se no Virginia Military Institute em 1877, e, depois de se mudar para a Califórnia, exerceu o cargo de promotor público em Los Angeles e Pasadena, além de ter sido prefeito de San Marino.

Do lado materno, a família de Patton também era influente e poderosa. Seu avô materno, Benjamin Davis Wilson, era um aventureiro do Tennessee que fez fortuna e se tornou grande proprietário de terras na Califórnia.

Essa listagem de nomes e datas não é mera curiosidade e nem está aqui para cansar o leitor. Ela serve para que fique claro o *background* familiar do futuro general e as redes e conexões que ele tinha disponíveis para alavancar sua carreira militar e projetar seu futuro.

Do mesmo modo, indicar os postos e carreiras militares dos seus antepassados não tem como objetivo sugerir que a habilidade militar estivesse nos genes da família ou que Patton estivesse destinado a seguir uma carreira das armas. Isso não é verdade. Porém, a história familiar parece ter tido algum peso na infância e adolescência do futuro oficial, convencendo-o de que pertencia a uma estirpe especial e induzindo-o desde cedo a abraçar a profissão das armas. A profusão de altos cargos militares e políticos ocupados por seus parentes indica a importância que sua família adquiriu e sua capacidade de transferir poder, além

Um soldado em formação (1885-1918) 13

Patton como cadete
no Virginia Military Institute, 1903.

de riqueza, geração após geração, o que facilitava muito a vida e os projetos dos seus novos membros, incluindo George.

Realmente, George Patton não foi um militar que construiu sozinho a sua carreira. Seus méritos são evidentes, mas ele herdou bens, contatos e facilidades que lhe permitiram ascender na profissão escolhida sem as dificuldades que outros encontrariam. Para um filho de operários analfabetos, nascido no mesmo ano e local que Patton, as perspectivas de uma carreira militar ou política eram muito menos róseas. No máximo, esse homem poderia, salvo as exceções de praxe, chegar a sargento, e comandar meia dúzia de soldados em algum posto isolado no continente americano.

No caso de Patton, bem-nascido, rico, instruído e dispondo de uma imensa rede de contatos políticos e militares a explorar, as perspectivas eram muito melhores. De fato, o futuro general não teve nenhum problema em lançar mão das vantagens que o nascimento havia lhe proporcionado.

Já na infância, teve acesso a recursos disponíveis a poucas crianças da época. Além do básico, como boa alimentação e roupas adequadas, ele e sua irmã podiam contar com a assistência de empregados e tutores e dispunham de uma biblioteca em casa. Sem precisar colaborar com o orçamento doméstico, como tantos outros da mesma idade, George tinha tempo livre e recursos para praticar polo, além de outros esportes, e caçar. Como convinha em uma família tradicional, desde cedo, o jovem Patton recebeu lições de uso de armas e equitação. Aos 5 anos de idade, ganhou de presente uma pistola. Aos 15 anos, desfilou como porta-estandarte montado a cavalo numa famosa parada em Pasadena.

Desde cedo, como mencionado, Patton demonstrou interesse por assuntos militares. George Hugh Smith, um parente, ensinou-o a ler mapas e a se localizar via coordenadas quando ele ainda era menino. Mesmo suas brincadeiras tinham, na maioria das vezes, conotação militar.

A figura paterna também exerceu enorme influência na infância de George. Nessa época, seu pai, George Patton, Sr., era um ativo membro do Partido Democrata e atacava o poder das grandes empresas e dos capitães da indústria. Seguia a tradição de Thomas Jefferson, que imaginava a América uma terra de pequenos produtores e em que vigorava a democracia, em oposição à de Alexander Hamilton, que preferia as grandes empresas e a implantação de uma quase oligarquia dos mais ricos.

Entretanto, em alguns casos, as posições políticas de Patton, Sr. podiam ser muito conservadoras. No início do século XX, ele se opunha à imigração de chineses e japoneses para a Califórnia, como forma de preservar o poder e o domínio da raça branca nos Estados Unidos, e era um firme inimigo do direito de voto às mulheres, chegando a ser um dos líderes do movimento nesse sentido.

O jovem Patton não apenas foi exposto às posições políticas de seu pai (o que não significa, claro, que ele as tenha seguido incondicionalmente), como também à sua visão peculiar de educação. Por conta dela, George Patton, Sr., apresentou aos filhos os contos de fadas, a mitologia e outras histórias, mas apenas em forma oral. O jovem Patton só teria acesso à palavra impressa bem mais tarde, e, justamente por isso, apesar de escrever e ler sem problemas (e ser, na verdade, um leitor compulsivo), o futuro general sempre teve problemas com a ortografia. Tais problemas levaram alguns dos seus biógrafos a pensar que ele fosse disléxico, o que não parece ser o caso. O tema, contudo, ainda é polêmico entre os estudiosos do general.

EM WEST POINT

Patton iniciou seus estudos regulares apenas em 1897, numa escola para meninos de elite em Pasadena. Aluno com boas notas, ambicionava ingressar na famosa Academia militar de West Point, onde poderia começar a carreira de oficial do Exército. Instalada no estado de Nova York e fundada em 1802, a Academia de West Point é, até hoje, o mais importante centro de formação de oficiais dos EUA. Patton acreditava que West Point era essencial para o seu projeto de vida.

No entanto, para ser aceito na Academia, precisava ser recomendado por um deputado ou senador e, apesar dos contatos de seu pai, o futuro general teve dificuldades em obter tal recomendação. Seu pai decidiu enviá-lo a outra prestigiosa Academia militar, o Virginia Military Institute, e ficou instalado em Lexington, Virgínia, à espera do momento apropriado para a entrada em West Point.

Em Lexington, a partir de 1903, Patton teve um desempenho escolar acima da média e continuou, com o auxílio do pai, a procurar viabilizar seu ingresso na Academia de West Point. Em fevereiro de 1904, finalmente, conseguiram uma recomendação do senador Thomas Bard, da Califórnia, e o jovem George pôde se transferir para Nova York em junho do mesmo ano.

Em West Point, Patton foi testemunha de grandes mudanças. O *campus* estava sendo ampliado e recebendo novos edifícios e equipamentos. Ao mesmo tempo, o currículo passava por uma revisão, agora com maior ênfase em matérias mais técnicas, relacionadas à arte militar, e menor em Matemática e Ciência. Formar oficiais capazes de comandar homens em batalha e não cientistas ou acadêmicos com postos militares era a nova diretriz, e o jovem Patton adaptou-se bem à nova realidade acadêmica.

A sua turma começou com 148 homens, incluindo o futuro general Courtney Hodges, que comandaria o 1º Exército dos Estados Unidos, no flanco do 3º Exército de Patton, na Segunda Guerra Mundial, e outros tantos futuros oficiais graduados que lutariam nesse conflito. Desde aquela época, Patton demonstrava amplos conhecimentos e leituras de História. Alcançava desempenho excelente nas matérias propriamente militares, mas apresentava tantas dificuldades em Matemática que foi obrigado a repetir um ano. Foi nos anos de West Point que ele descobriu a esgrima e o futebol americano, saindo-se muito bem no primeiro e decepcionando no segundo. Não foi um cadete especialmente popular, pois exigia demais de seus subordinados (como os calouros) e colegas. Sua conversa incessante sobre obter "glória" em batalha o fazia ser visto como alguém bastante pitoresco.

Em termos acadêmicos gerais, suas notas e desempenho foram bons, mas não excepcionais. No esporte e nas matérias militares, saiu-se muito melhor, mas dentro da média. Ele se formou em 46º lugar entre cento e três graduados. Na sua ficha escolar, consta que seu comportamento era impecável, com exceção de ocasionais reprimendas recebidas por coisas menores, mas típicas de Patton, como o uso de palavras de baixo calão e gestos obscenos.

Ao mesmo tempo em que estudava na Academia, Patton também fazia o que jovens da sua idade fazem, ou seja, namorar. Além de vários flertes, teve envolvimentos mais sérios com duas jovens, Kate Fowler e Beatrice Banning Ayer, ambas herdeiras de grandes fortunas. Em cartas à família, ele reconhecia explicitamente a importância de um bom casamento para a ascensão na carreira militar e afirmava que seria mais lógico o matrimônio com Kate Fowler, muito mais rica do que Beatrice Ayer.

Nesse caso, no entanto, os sentimentos predominaram sobre a lógica e ele esposou a segunda em maio de 1910, seguindo em lua de mel para a Europa. Curiosamente, para um homem que mais tarde ganharia fama combatendo os alemães, o navio que levou o casal para o velho continente era o Deutschland (Alemanha). Em Londres, Patton comprou um exemplar do famoso livro do teórico alemão da guerra, Von Clausewitz, *Sobre a guerra*. Leu a obra com tamanho interesse que sua jovem esposa parece ter se incomodado.

UM JOVEM OFICIAL

Ao sair de West Point, Patton devia optar por uma arma. A decisão não foi difícil. Ele não tinha notas e nem aptidão suficientes para a engenharia e não apreciava a artilharia, pois ficava longe demais da linha de frente, do "furor da batalha". Restavam então a infantaria e a cavalaria. Para um excelente cavaleiro como ele, a segunda pareceu ser a escolha mais lógica. Assim, Patton tornou-se oficial de cavalaria em 1909, fazendo finalmente parte de um Exército que, na época, não tinha mais do que oitenta mil homens em armas, menos do que quase todos os países europeus.

Patton foi designado segundo-tenente da Companhia K do 15º Regimento de Cavalaria, instalado em Fort Sheridan, Illinois, e apresentou-se a ela em 12 de setembro de 1909. Numa guarnição isolada e longe de problemas, os primeiros tempos de vida como jovem oficial se revelaram tediosos. Ele ansiava por uma guerra que o fizesse ascender rápido na hierarquia militar para finalmente conquistar uma posição de destaque. Porém, suas tarefas cotidianas eram banais; incluíam supervisionar a prisão da guarnição, disciplinar os recrutas (o que fazia com especial rigor), cuidar dos cavalos e comparecer a bailes e demais atividades sociais na vizinha Chicago.

Em dezembro de 1911, graças às conexões políticas do pai, Patton conseguiu ser transferido para outro regimento de cavalaria, instalado em Fort Myer, Virgínia. Situado nas proximidades de Washington, pareceu-lhe o lugar ideal para conhecer pessoas e se aproximar de políticos e militares capazes de impulsionar a sua carreira. Patton, então, filiou-se ao Metropolitan Club (clube frequentado pela elite de Washington) e fez tudo o que pôde para ser notado pela elite política e militar do país.

Em 1912, para sua sorte, foi escolhido para representar os EUA na prova de pentatlo moderno (hipismo, tiro ao alvo, natação, esgrima e corrida) nos Jogos Olímpicos de Estocolmo. Terminou em quinto na competição e seu desempenho foi considerado muito bom. Depois dos jogos, em licença, Patton decidiu dedicar algum tempo ao aperfeiçoamento de seus dotes de esgrima e passou duas semanas tendo aulas com *Monsieur* Cléry, o instrutor-chefe de esgrima da Escola de Cavalaria do Exército francês em Saumur.

Voltando aos Estados Unidos como uma celebridade, Patton conseguiu estreitar relações com pessoas influentes, como o general Leonard Wood, chefe do estado-maior do exército, e o secretário da Guerra, Henry L. Stimson. No decorrer dos anos, este último se revelaria um amigo fiel, que sempre o apoiaria na vida profissional.

18   PATTON

Ao mesmo tempo em que fazia os contatos certos, Patton também conseguia ser notado por outros talentos. Em dezembro de 1912, provisoriamente transferido para o escritório do comandante do estado-maior do exército, começou a projetar e aperfeiçoar um novo sabre para a cavalaria e acabou reconhecido como um especialista nessa área, tendo escrito vários artigos sobre o tema para diversas publicações do Exército.

Em junho de 1913, Patton foi transferido para Fort Riley, Kansas, onde deveria se apresentar em outubro. Nos meses de intervalo, foi autorizado a voltar para a França para se aperfeiçoar em esgrima, de forma a poder repartir seus conhecimentos, posteriormente, com o resto do Exército americano.

Em Fort Riley, no verão de 1914, um episódio demonstrou com clareza a visão de mundo do jovem oficial e a absoluta primazia do Exército dentro dela. Um soldado negro foi acusado de estuprar uma jovem branca e houve rumores de que a população local pretendia linchá-lo. Na ocasião, Patton deixou claro que acreditava que os negros eram especialmente dispostos a esse tipo de barbaridade e que ele era particularmente favorável a uma punição, porém não permitiria que um homem em uniforme do Exército sofresse a indignidade de ser linchado. Um membro do Exército tinha, para Patton, um *status* especial, mesmo que fosse um simples recruta. O soldado, portanto, foi salvo do linchamento. Mais tarde, sua inocência seria comprovada.

Ainda no Kansas, Patton observou com vivo interesse a crescente tensão entre as nações europeias e, por fim, a eclosão da guerra em 1914. Para alguém que desejava ardentemente mostrar seu valor em combate e ascender na escala militar usufruindo da oportunidade dos tempos de guerra, a política do presidente Woodrow Wilson, que mantinha os Estados Unidos longe da guerra europeia, era fonte de imensa frustração e raiva.

Entretanto, pouco tempo depois, Patton teve a chance de sentir a emoção do combate, num local que, provavelmente, ele não havia imaginado: o México, para onde seria enviado em 1916.

COM PERSHING NO MÉXICO (1916)

A expedição do Exército dos Estados Unidos ao México nesse ano é um evento pouco conhecido fora desses dois países. Desde a eclosão da Revolução Mexicana, em 1912, o México vivia um caos geral, pois bandos armados circulavam pelo território mexicano, combatendo uns aos outros e saqueando a

O general Pershing, à direita, com oficiais mexicanos em Fort Bliss, 1913. Patton está logo atrás dele.

população. Bandos armados e rebeldes mexicanos cruzavam continuamente a fronteira entre Estados Unidos e México, fazendo com que o governo do presidente Woodrow Wilson interviesse em vários momentos nesse conflito. Wilson ordenou, por exemplo, a ocupação do porto de Veracruz em abril de 1914. Em março de 1916, uns dos líderes rebeldes mexicanos, Pancho Villa, atacou uma pequena cidade americana (Columbus, Novo México), matando 17 pessoas. Imediatamente, para responder à opinião pública, o presidente Wilson ordenou o envio de uma expedição, com duas brigadas de cavalaria e uma de infantaria, ao país para capturar Villa e dar um fim às incursões ao território americano.

Patton, em 1915, havia sido transferido para o 8º Regimento de Cavalaria, em Fort Bliss, El Paso, Texas, bem na fronteira mexicana. Nos primeiros tempos, suas atividades ali eram bastante rotineiras, incluindo estudos para sua promoção a primeiro-tenente, instrução de tropas e encontros sociais. Ali também conheceu o general John J. Pershing, comandante de Fort Bliss. O general Pershing seria o comandante da expedição americana na fronteira sul, assim, não espanta a presença de Patton na campanha de Pershing contra Pancho Villa.

Já em 16 de março, Patton atravessou a fronteira junto com a expedição, que foi, porém, um completo fracasso. Villa conhecia bem melhor o terreno e, além disso, o norte do México era uma área imensa e cheia de potenciais esconderijos. Os soldados americanos se movimentavam sem cessar atrás do seu alvo, mas não conseguiam atingi-lo.

George Patton irritou-se com a dificuldade em capturar Villa, mas revelou-se pouco impressionado pelo México ou pelos mexicanos. Ao contrário, os considerou um povo extremamente atrasado e de padrões morais questionáveis.

Apesar do fracasso da expedição, Patton conseguiu dois trunfos. Em primeiro lugar, como membro da equipe de Pershing, teve seu nome divulgado em toda a imprensa americana. E, em segundo, viu finalmente um pouco de ação, como sempre havia desejado. No começo de maio, foi autorizado por Pershing a tentar capturar Julio Cárdenas, auxiliar de Pancho Villa. Patton, então, cavalgou, junto com seus soldados, até a fazenda de Cárdenas, em San Miguelito. Cárdenas, alertado pela poeira dos cavalos, escapou; seu tio, sua esposa e seu filho recém-nascido foram capturados pela tropa do jovem oficial. Na ocasião, Patton deixou aflorar seu lado mais selvagem e usou de tortura para extrair informações do tio do rebelde, sufocando-o várias vezes antes de conseguir o que queria. Esse episódio lamentável parece não tê-lo abalado.

Em 14 de maio de 1916, o jovem oficial vivenciou, pela primeira vez em sua vida, o combate. Antes que caminhões começassem a trazer suprimentos do território americano, a expedição tinha que viver do terreno e, todos os dias, um oficial era designado para a compra de cereais e outros produtos nas fazendas próximas. Nesse dia, o encarregado era Patton, que saiu do acampamento com uma tropa e três veículos. Ao chegar a uma propriedade chamada San Miguelito, eles se depararam com três mexicanos a cavalo que começaram a atirar contra os americanos.

Na troca de tiros que se seguiu, dois mexicanos foram mortos e o terceiro, que era justamente Julio Cárdenas, tentou fugir, mesmo estando com o braço direito ferido por um disparo do revólver de Patton. Atingido outras vezes, Cárdenas acabou morto no local. Seu corpo, junto com o dos outros dois, foi então levado pela tropa para ser exibido a Pershing. Esse foi o primeiro combate na história do Exército dos Estados Unidos no qual os soldados tinham chegado a campo em veículos motorizados, e haviam vencido.

Muito mais tarde, Patton gostava de recordar que foi a partir desse momento que decidiu usar dois revólveres. Durante a troca de tiros com Cárdenas e seus homens, Patton teve que parar várias vezes para recarregar seu revólver de seis tiros e quase foi morto por conta disso. Assim, desde então, ele preferia andar com dois revólveres, sempre com cabos de marfim e suas iniciais gravadas, o que, além de lhe dar mais segurança, projetava uma imagem mais glamorosa.

Promovido a primeiro-tenente em maio, Patton continuou a liderar patrulhas contra membros do grupo de Pancho Villa até seu retorno aos EUA, em 10 de outubro de 1916, em licença médica após uma queimadura causada por um lampião defeituoso.

Nesse meio tempo, seu pai apresentou-se como candidato ao Senado dos Estados Unidos pelo partido Democrata, na Califórnia. George, Jr. decidiu ajudá-lo tanto com a venda de algumas ações para pagar as despesas, como participando dos comícios. Com uma bandagem na cabeça por causa da queimadura, o jovem tenente se tornou muito popular, contribuindo bastante nos comícios do pai. Não obstante, este não conseguiu a vaga que ambicionava no Senado.

Patton retornou ao México em meados de novembro. Pershing tinha perdido as esperanças de capturar Pancho Villa, que havia fugido para o sul, e a expedição havia se tornado, claramente, algo sem sentido. Sem nada para fazer até seu retorno definitivo ao território americano em fins de janeiro de 1917, Patton utilizou o tempo livre para refletir e escrever sobre o papel da cavalaria na guerra moderna. Em artigos que produziu então, ele argumentava que a cavalaria tinha que ser agressiva, servindo não apenas na tarefa de reconhecimento, colaborando com a força principal de infantaria, mas também na desestabilização do inimigo em ataques de profundidade e sempre em movimento. Tais reflexões seriam aplicadas pouco tempo depois, trocando cavalos por tanques, nos campos de batalha da França.

OS ESTADOS UNIDOS E A PRIMEIRA GUERRA MUNDIAL (1917-1918)

A entrada norte-americana na Primeira Guerra Mundial foi um processo demorado, para desespero de pessoas como George Patton, Jr., que realmente a desejavam. A maior parte da população dos Estados Unidos não queria se envolver no conflito e mesmo os interessados estavam divididos entre os pró-Potências Centrais (Áustria-Hungria, Alemanha, Império Turco-otomano e Bulgária) e os pró-Aliados (França, Inglaterra, Itália, Rússia, entre outros). O governo de Washington, por sua vez, tinha fortes vínculos com a França e a Inglaterra e não via com bons olhos uma possível vitória alemã na guerra, pois significaria a conquista da Europa pela Alemanha e o surgimento de uma superpotência rival. Mas não tinha como enfrentar a hostilidade popular frente à ideia de os Estados Unidos participarem do conflito.

Apenas em 1917, com a campanha submarina irrestrita desenvolvida pelos alemães (a qual afetou fortemente os interesses comerciais norte-americanos no oceano Atlântico) e a divulgação de uma suposta oferta alemã de uma aliança ao México numa guerra com os EUA, que indignou o país, a opinião pública começou a aceitar a ideia de participar da guerra. Em 19 de março de 1917, com o afundamento do navio mercante Vigilantia, não havia mais como sustentar o isolamento e, em dois de abril, os Estados Unidos declararam guerra às Potências Centrais.

Os imensos recursos navais, financeiros, industriais e agrícolas dos Estados Unidos tiveram que ser lançados na luta. Entretanto, o Exército dos Estados Unidos, nesse momento, era muito pequeno – 107.641 homens – para alterar o rumo da guerra na Europa. Na verdade, o Exército americano não tinha condições de enviar uma grande expedição ao exterior, e suas poucas tropas só serviam para combater rebeldes nas Filipinas (então colônia americana) ou perseguir bandos armados no México, como havia feito a expedição de Pershing.

Para modificar isso, Washington ordenou a mobilização do grande capital humano norte-americano, o que produziu, juntamente com os recursos econômicos, um bom número de divisões que seguiria para a Europa. Realmente, a capacidade dos americanos em criar uma força militar imensa quase do nada foi impressionante. Vinte e quatro milhões de homens foram registrados e 2,8 milhões recrutados, o que, junto com a mobilização da Guarda Nacional e outras armas, elevou os efetivos das forças armadas para quatro milhões. Essa imensa reserva de homens descansados começou a ser transportada para a Europa. Trezentos mil soldados norte-americanos chegaram à França em março de 1918 e 1,3 milhão em agosto.

Mesmo assim, a base inicial a partir do qual se formou a Força Expedicionária dos Estados Unidos era tão exígua, em termos de equipamentos e oficiais treinados, que fez com que os americanos tivessem que contar com a boa vontade de franceses e ingleses. Boa parte do material utilizado pelos soldados que chegavam à Europa em 1918 (como tanques e outros equipamentos) era de origem francesa ou britânica, já que o tempo não tinha bastado para fabricá-los nos Estados Unidos.

Essa constatação nos permite compreender, inclusive, como a participação dos Estados Unidos nas duas guerras mundiais, apesar de decisiva nos dois casos, teve um caráter diferente em cada uma. De fato, quando os Estados Unidos entraram na Segunda Guerra Mundial, em 1941, eles jogaram, como veremos a seguir, todo o peso dos seus recursos industriais e militares no conflito e colaboraram decisivamente para a derrota do Eixo. Em 1917-1918, a chegada da Força Expedicionária Americana ao continente europeu e a mobilização dos seus recursos econômicos e navais também foi fundamental, mas principalmente pelo momento em que se deu e seus efeitos morais, aumentando a vontade de lutar dos esgotados Aliados e diminuindo a dos alemães.

Realmente, quando os soldados norte-americanos começaram a desembarcar na Europa, os Exércitos e as economias dos Estados envolvidos no conflito estavam no limite. A participação norte-americana representou uma transfusão de sangue novo num organismo prestes a entrar em colapso.

PATTON E OS CAMPOS DE BATALHA DA FRANÇA

A vivência de Patton no continente europeu nesses anos só pode ser compreendida com esse pano de fundo. Promovido a capitão em maio de 1917, ele fez o que pôde para ser incluído na primeira unidade que seguiria para a Europa. Para a sua sorte, o comandante dessa unidade (e de toda a Força Expedicionária Americana) seria o general John Pershing, com o qual mantinha um relacionamento estreito desde a experiência comum no México (e também pelo fato de o general estar flertando com a irmã de Patton naquele momento). Assim, não foi difícil para Patton conseguir ser incorporado à unidade de Pershing.

Em 28 de maio, Patton e outros membros do Estado-Maior da Força Expedicionária partiram de Nova York no HMS Baltic, com destino a Liverpool. Fluente em francês, ele aproveitou o tempo para passar algumas noções básicas a colegas oficiais e também aos soldados. Oito dias depois, os americanos chegaram ao território britânico e seguiram para Londres, onde foram festivamente recebidos pelos exaustos britânicos, e, em seguida, para a França.

Com a esmagadora maioria das tropas ainda em seleção e treinamento nos EUA, oficiais como Patton tinham pouco a fazer. Na Europa, ele participava de eventos sociais, fazia visitas a tropas e oficiais britânicos e franceses, entre outras atividades distantes do calor da batalha. Pôde, entretanto, sentir o gosto da guerra moderna, ao ver aviões alemães bombardeando unidades aliadas e sendo recebidos por fogo de metralhadoras e canhões antiaéreos ou ao observar o efeito dos bombardeios de artilharia nos campos e nos soldados feridos.

As trincheiras.
Pesadelo da Primeira Guerra Mundial.

Chateado por não poder agir imediatamente, Patton pensava em pedir transferência para outra unidade ou se tornar instrutor de baionetas. Foi nessa época que ele ouviu, pela primeira vez, a palavra "tanques", designação de uma nova arma que mudaria o curso da guerra no século XX e a carreira do jovem capitão. Vale a pena, pela importância dessa invenção na sua vida e no seu ofício, compreender um pouco melhor o que ela significou para a história da guerra.

Num certo sentido, a Primeira Guerra Mundial representou, em termos militares, o encontro do velho e do novo. Ao mesmo tempo em que cavalos e mulas ainda formavam parte substancial do sistema logístico dos exércitos, transportando armas e suprimentos, a velha cavalaria revelou-se inútil. Pombos-correios ainda eram utilizados para as comunicações, ao mesmo tempo em que o rádio e o telégrafo também eram largamente empregados. Lança-chamas, minas e submarinos foram desenvolvidos e melhorados, mas ainda se confiava muito nos encouraçados e nos dirigíveis.

Na verdade, o grande problema militar desse conflito era o rompimento das linhas inimigas. Num primeiro momento, todos acreditavam que o conflito seria uma guerra de movimento de curta duração, como indicam os planos como o Schlieffen alemão e o XVII francês, todos prevendo uma incursão rápida e violenta em território inimigo.

Com o fracasso desses planos, o esgotamento das tropas e o equilíbrio de forças, abriu-se uma nova fase na guerra. Ambos os lados já haviam percebido que, ao enfrentar um adversário que tivesse tido tempo de construir obstáculos e preparar linhas de defesa, os ataques de infantaria se tornavam custosos e quase impossíveis. Assim, quando ficou claro que o movimento havia terminado, ambos os lados procuraram se proteger abrindo trincheiras e formando uma linha contínua de defesa que, com o tempo, se estendeu do mar do Norte até a Suíça.

Os soldados aliados e os das Potências Centrais construíram, assim, centenas de quilômetros de trincheiras, repletas de arame farpado e outros obstáculos. As redes de trincheiras variavam enormemente, em termos de profundidade, densidade, número de tropas que as guarneciam e estrutura defensiva. Franceses, alemães e britânicos também tinham concepções diferentes de como utilizar as trincheiras na luta contra o inimigo. Os alemães, por exemplo, acreditavam numa primeira linha de defesa extremamente forte e a ser retomada imediatamente se perdida. Já os franceses acreditavam numa primeira linha mais fraca, a ser abandonada em caso de ataque do inimigo, e em pontos fortificados mais atrás. Enfim, conforme o terreno, a disponibilidade de tropas e a doutrina operacional de cada Exército, o sistema de trincheiras variava.

Guerra de trincheiras

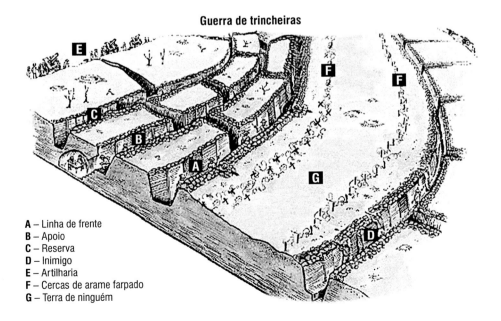

A – Linha de frente
B – Apoio
C – Reserva
D – Inimigo
E – Artilharia
F – Cercas de arame farpado
G – Terra de ninguém

Mesmo assim, alguns traços básicos podem ser identificados. As trincheiras se dividiam em várias linhas, separadas por alguns quilômetros e, nelas, afundada na terra, ficava a infantaria, pronta a repelir os avanços inimigos a tiros de fuzil e granadas. A artilharia, na retaguarda, também podia dirigir o fogo mortal de canhões e morteiros sobre quaisquer atacantes. Ninhos de metralhadoras, nas trincheiras e entre elas, completavam o sistema defensivo.

Nesse cenário, a ofensiva se tornou difícil. O padrão clássico de qualquer ofensiva militar, naquele momento, implicava romper a frente inimiga, utilizando a combinação infantaria-artilharia. Quaisquer defesas, nesse raciocínio, cederiam frente a massas de soldados previamente treinados no serviço militar, equipados com rifles e apoiados por canhões. Feito isso, seria possível explorar o ataque e envolver a resistência por trás, superando a barreira das trincheiras e obstáculos construídos pelo inimigo.

O problema é que, com o uso de novas tecnologias e a substancial melhoria da rede de trincheiras, tal estratégia se revelou falha. Para que o assalto da infantaria pudesse dar certo, era preciso esmagar a resistência dos soldados inimigos através de uso maciço da artilharia (o que incluía, a partir de certo momento, o emprego de projéteis com gases venenosos) e abrir, então, uma brecha na rede de arame farpado.

Mas, com as trincheiras cada vez mais fundas e protegidas e a instalação de ninhos de metralhadoras e abrigos de concreto em vários locais, destruir completamente o inimigo com uma chuva de projéteis de artilharia se tornou impossível. Normalmente, os soldados que sobreviviam eram suficientes para, utilizando metralhadoras e outros sistemas de tiro rápido, massacrar as fileiras de atacantes.

Mesmo quando, a um custo imenso, o atacante conseguia romper a primeira linha de trincheiras do inimigo, o ataque não era mais surpresa e o atacado já tinha tido tempo de providenciar reforços, artilharia e suprimentos para defender a segunda linha e, se necessário, construir outra, mesmo que improvisada, mais atrás. Enfim, se, na arte da guerra, há sempre um pêndulo entre momentos em que a tecnologia favorece a ofensiva e outros a defesa, a Primeira Guerra foi claramente do segundo tipo.

Mesmo com esse quadro, por vários anos, entre 1915 e 1917, os estados-maiores de ambos os lados, interessados na ruptura da linha inimiga e incapazes de deixar de lado a doutrina que haviam aprendido nas academias militares nos anos anteriores, lançaram grandes ofensivas, que falharam uma após outra, levando a um impasse, na Frente Ocidental. E um impasse sangrento, pois, naqueles anos, todas as ofensivas se revelavam extremamente custosas em termos de vidas humanas.

Em 1915, houve ofensivas alemãs em Ypres e dos Aliados em Artois e em Champagne, resultando em centenas de milhares de mortes. As maiores e mais sangrentas operações ocorreram, porém, em 1916. A primeira delas foi dirigida contra a fortaleza francesa de Verdun. O plano do general alemão Erich von Falkenhayn era obrigar os franceses a saírem em defesa da praça-forte e destruí-los em uma grande e decisiva batalha, usando especialmente a artilharia. Como prenúncio disso, em fevereiro de 1916, iniciou o ataque com bombardeios de artilharia que foi dos mais violentos da guerra. Na ocasião, as trincheiras francesas se dissolveram e milhares de franceses morreram. No entanto, as tropas do general Petáin foram capazes de aguentar. Reforços foram enviados e, após seis meses de combate contínuo, nos quais somente o Exército francês disparou cerca de 14 milhões de projéteis de artilharia, quase um milhão de soldados franceses e alemães estava ferido ou morto sem que houvesse ganho real para nenhum dos Exércitos.

Num esforço para desviar os recursos dos alemães, os britânicos também atacaram em julho de 1916, na região do Somme. O comandante inglês, general Douglas Haig, também imaginava, da mesma forma que o comandante alemão em Verdun, que o simples poder dos seus canhões seria suficiente para levar à vitória. Assim, apenas na primeira semana do ataque, 1,5 milhão de projéteis de artilharia caíram sobre as trincheiras alemãs. Para os ingleses, tratava-se apenas, agora, de ocupar o terreno. Porém, embora os soldados germânicos tivessem, é certo, sofrido grandes perdas (milhares pereceram), os sobreviventes (em maior número que os mortos), que estavam escondidos em abrigos subterrâneos, puderam reagir. Quando os ingleses avançaram para as trincheiras inimigas, foram recebidos por um dilúvio de fogo de canhões, metralhadoras e fuzis. Em algumas unidades inglesas, nenhum soldado sobreviveu. Só no primeiro dia do ataque da infantaria, sessenta mil britânicos foram feridos ou mortos. Foi o dia mais sangrento da história do Exército britânico.

Após cinco meses, o Exército inglês tinha conquistado apenas 12 km de terra ensanguentada, ao custo de mais de um milhão de mortos entre britânicos, franceses e alemães. Outras ofensivas desse tipo se repetiram durante a guerra. "Como sair desse banho de sangue?" tornou-se uma questão fundamental.

Depois do impulso inicial e da constatação de que a barreira das trincheiras era inexpugnável, abriu-se efetivamente o problema de deixar esse impasse e voltar à guerra de movimento em busca da definição do conflito. Inúmeras alternativas e técnicas foram pensadas para dar conta desse problema, influenciando profundamente a maneira de fazer a guerra não apenas naquele momento, mas por todo o século XX e ainda hoje.

Os italianos e os alemães, por exemplo, conceberam a ideia de tropas especiais, de assalto. Pequenas unidades, muito bem treinadas e armadas, que deveriam atacar os ninhos de metralhadora e as posições do inimigo a partir de uma infiltração disfarçada e inesperada. Os generais alemães Bruchmuller e von Hutier foram especialmente hábeis em explorar a infiltração e o uso flexível da artilharia na luta contra o Exército russo. Foi uma técnica bem-sucedida até certo ponto, mas, pela própria densidade da rede de trincheiras na Frente Ocidental e a escala envolvida, revelou-se uma solução sem potencial para decidir a guerra.

Os alemães também foram pioneiros na guerra química, tendo utilizado o gás cloro contra os soldados inimigos em Ypres, Bélgica, em 22 de abril de 1915. Os Aliados imediatamente responderam e, assim, gases tóxicos como mostarda e cloro foram largamente utilizados por ambos os lados. Entre 1915 e 1918, mais de cem mil toneladas de gás venenoso foram utilizadas, matando noventa mil homens e ferindo mais de um milhão. Mas a guerra química não chegou a ser uma arma decisiva, pois logo foram criadas máscaras e outros mecanismos de proteção.

A grande inovação, contudo, veio do lado britânico. Os militares britânicos conceberam a ideia de veículos armados dotados de couraça e lagarta que os permitia atravessar a lama e os obstáculos das trincheiras sem serem destruídos (a não ser pelo tiro direto de canhões) e com capacidade de atirar de volta. Chamados de carros de combate pelos militares, eles acabaram por receber o apelido de "tanques", devido ao fato de lembrarem os tanques de metal que eram utilizados para transportar água.

Os oficiais britânicos foram apresentados ao carro de combate em 1915 e sua estreia em ação ocorreu em setembro de 1916. A ideia atraiu os franceses, que construíram o maior número de unidades durante o conflito, ou seja, mais de quatro mil. Já os alemães não levaram a sério as possibilidades dos blindados e construíram apenas uns poucos, experimentais.

De qualquer modo, no início, os carros de combate foram utilizados de maneira isolada e apenas como apoio à infantaria, o que limitava a sua mobilidade e eficácia. O seu potencial total só foi percebido quase no final da guerra, em dezembro de 1917, quando uma investida de tanques britânicos, atuando em massa, rompeu as linhas alemãs em Cambrai. Também foram usados em Amiens, na ofensiva aliada de agosto de 1918. Em 1919, os Aliados planejaram o uso

Patton ao lado de um tanque
Renault francês. França, 1918.

maciço de tanques para uma ofensiva geral contra a Alemanha, no entanto, a guerra acabou antes que isso pudesse acontecer. Apenas em 1939-1941 o verdadeiro potencial da guerra blindada seria revelado, ironicamente, como veremos depois, pelo Exército alemão.

Na Primeira Guerra, os tanques só foram utilizados de forma eficiente quando o conflito já estava quase decidido. Naquele momento, foi desperdiçada, pois seria uma arma capaz de romper o impasse das trincheiras. Isso ocorreu por conta dos limites técnicos dos primeiros protótipos, mas, acima de tudo, pela incapacidade da grande maioria dos militares em perceber a potencialidade dos novos inventos.

Patton não poderia ser incluído, com certeza, entre eles. Enquanto muitos generais acreditavam que os tanques só pudessem servir para facilitar a penetração da infantaria, por vias tradicionais, nas linhas inimigas ou, ainda, para abrir uma brecha a ser explorada pela cavalaria, Patton já antevia as possibilidades revolucionárias do novo armamento como forma de golpear decisivamente o inimigo em ataques profundos e mortíferos.

O jovem capitão não havia vivenciado a guerra das trincheiras, tendo chegado à França num outro momento, quando a guerra voltava a ser móvel. Não obstante, ele foi capaz de perceber que algum sistema tinha que ser encontrado para evitar a perda inútil (sem nenhum ganho militar) de vidas nas trincheiras e recuperar a mobilidade que era a essência do seu estilo de pensar a guerra.

Claro que ele não podia, naquele momento, ter suficiente clareza do que representaria a arma blindada na guerra e, especialmente, nas guerras do futuro. Tanto que, num primeiro momento, o fator principal que o motivou a se transferir para o novo corpo, o dos blindados, foi a possibilidade de ascensão em termos de carreira militar numa arma totalmente nova, diferente da infantaria ou da artilharia.

Mas sua experiência no México já o levara a reconhecer o mérito da velocidade e da surpresa, e os tanques lhe pareceram ser a quintessência disso. Não é de espantar que, logo que Patton se decidiu pela arma blindada, seus progressos com ela tenham sido rápidos e substanciais.

Já em novembro, ele se inscreveu no centro de treinamento em tanques leves do Exército francês em Compiègne. Lá, durante um curso de duas semanas, aprendeu o básico sobre as novas máquinas, dirigiu um modelo Renault e começou a compreender os mistérios e os desafios da nova arma. Em dezembro, visitou a fábrica da Renault em Paris, quando já foi capaz de fazer várias sugestões técnicas, as quais foram aceitas pelos franceses.

Na mesma época em que Patton estudava em Compiègne, o Exército britânico realizava o já mencionado ataque a Cambrai: 378 tanques Mark IV atacaram um setor da linha principal de defesa alemã, avançando, em poucas horas, quatro milhas, mais do que os ataques maciços de infantaria tinham conseguido em quatro meses. Mais da metade dos veículos foram perdidos nesse meio tempo e ficou claro como o seu uso tinha que ser aperfeiçoado. Contudo, o potencial da arma ficou demonstrado e num momento muito propício para Patton, que agora estava na posição de ser um dos criadores do corpo de tanques do Exército dos Estados Unidos.

O jovem capitão esperava ser nomeado comandante do novo corpo de tanques do Exército dos EUA, mas o posto foi atribuído ao coronel Samuel D. Rockenbach. Em janeiro de 1918, foi promovido a major (tenente-coronel em março do ano seguinte) e assumiu o posto de chefe do destacamento de tanques leves, deixando o estado-maior de Pershing.

A formação da nova unidade foi lenta e cheia de dificuldades. Os soldados voluntários, que haviam vindo de outras armas, tinham que ser treinados no novo equipamento e nas novas técnicas; porém, os primeiros tanques Renault só chegaram em março.

As táticas empregadas eram simples: pelotões de tanques pesados liderando o ataque, com outros de tanques leves vindos atrás e a infantaria ao final, com unidades reservadas para enfrentar contra-ataques e explorar brechas. Porém, demorou para que fosse formado o primeiro batalhão, e apenas em junho surgiu um segundo, permitindo a criação de uma brigada, a 304ª.

Na mesma época, Patton frequentou mais um curso para oficiais de Estado-Maior e lá defendeu ideias revolucionárias para o uso dos tanques, como *raids* (rápidas incursões ao território inimigo) noturnos de pequenos pelotões, substituição total das barragens de artilharia tradicionalmente utilizadas para abrir caminho à infantaria pelos tanques, entre outras sugestões.

Em setembro, o corpo de tanques foi convocado para participar do ataque contra o saliente de Saint-Mihiel, um bolsão de 25 milhas de largura e 15 de profundidade nas linhas aliadas. Para o assalto, a brigada contava com 144 tanques Renault franceses. O Exército francês forneceu também dois grupos de tanques de apoio.

Em 12 de setembro, os tanques e a infantaria americanos atacaram as trincheiras alemãs, enfrentando tanto a resistência germânica como a chuva e a lama. Muitos quebraram ou ficaram impossibilitados de prosseguir por conta das dificuldades do terreno e da falta de combustível. Mesmo assim, o corpo blindado conseguiu, com poucas perdas, apoiar o avanço da infantaria. Nisso tudo, Patton esteve sempre na linha de frente, contrariando as ordens que diziam que oficiais superiores deviam ficar na retaguarda.

Poucos dias depois, a brigada de Patton recebeu ordens de apoiar a 28ª e a 35ª divisões do Primeiro Exército americano num ataque na região do Meuse-Argonne, contra a linha Hindenburg, defesa principal dos alemães na Frente Ocidental. Procurando resolver os problemas identificados no ataque anterior, ele fez com que seus tanques carregassem combustível extra e, seguindo a sugestão de um soldado, criou unidades de mecânicos que acompanhavam os blindados na linha de frente, providenciando reparos menores quando necessário e recolocando os tanques rapidamente em condição de combate.

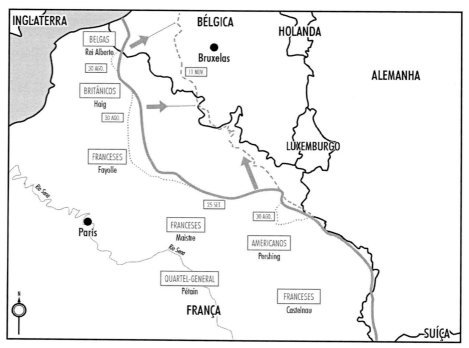

O avanço final dos Aliados na Frente Ocidental entre agosto e novembro de 1918 e os ataques das forças americanas.

Em 26 de setembro, o ataque foi lançado. Toda a participação de Patton, na verdade, não levou mais do que um dia. Às 5h30 da manhã, a infantaria havia marchado para frente em meio à neblina e fumaça. Uma hora depois, Patton e alguns soldados seguiram para a linha de frente e encontraram cinco de seus tanques parados, por serem incapazes de atravessar algumas trincheiras alemãs, bloqueadas por um tanque danificado. Sob pesada artilharia alemã, Patton, então, dirigiu as operações para superar esse obstáculo e logo os veículos subiram a colina, na direção dos alemães.

Animado, Patton liderou uma força de cerca de 150 homens na mesma direção, mas esta foi recebida por pesado fogo alemão. A maioria dos americanos recuou, mas Patton e alguns soldados seguiram em frente, sendo quase todos abatidos pelas metralhadoras germânicas, até que apenas o próprio Patton e o soldado Joseph T. Angelo restassem em pé.

Continuando a avançar, Patton foi atingido por uma bala que atravessou sua perna esquerda e parte do quadril. O soldado Angelo levou o tenente-coronel para um buraco e ficou com ele mais de uma hora, até que os tanques eliminaram as metralhadoras alemãs e Patton pôde ser removido para um hospital de campo. Lá, ele recebeu a notícia da sua promoção a coronel e, em pouco tempo, recuperou-se dos ferimentos.

Em 11 de novembro de 1918, o Armistício foi assinado e as armas pararam de atirar em todo o continente europeu. A 304ª havia lutado por quase dois meses e, dos seus 55 oficiais, 3 haviam sido mortos e outros 18 feridos, incluindo Patton. Da sua tropa de 757 soldados, por sua vez, 16 haviam sido mortos em ação e outros 118 feridos. Apesar de ter passado relativamente pouco tempo na linha de frente e de ter tido baixas ínfimas em comparação à maioria das unidades de infantaria dos Exércitos francês, britânico ou alemão (muitas das quais tinham visto anos de ação e renovação completa dos efetivos, por baixas, várias vezes), o então coronel de 33 anos pôde orgulhar-se de sua ação e da participação de sua brigada no conflito.

Entre o final de 1918 e 1919, os soldados da Força Expedicionária Americana foram embarcando de volta para casa. Ao contrário do que aconteceria depois de 1945, os Estados Unidos não tinham a intenção de manter um exército de ocupação na Alemanha ou instalado no continente europeu. Agora que a derrota de Berlim estava garantida, a ordem era reembarcar os *doughboys* (termo com o qual eram designados os soldados americanos na Europa naquele conflito) assim que possível. Enquanto esperava sua vez de voltar, Patton se preocupava com questões pessoais, como seu desejo de receber condecorações (como a *Distinguished Service Medal,* que foi concedida a ele em 4 de dezembro) e seu futuro em tempos de paz. Agora que a guerra havia terminado, o Exército haveria de ter, inevitavelmente, seu efetivo diminuído.

Finalmente, após receber permissão pessoal de Pershing, Patton foi autorizado a viajar para os Estados Unidos juntamente com a sua brigada. Em 2 de março de 1919, embarcou em Marselha e chegou a Nova York 15 dias depois. O coronel e seus homens receberam entusiástica acolhida por parte do público e dos jornais locais. Patton estava em casa.

UM GUERREIRO À ESPERA DO SEU MOMENTO (1919-1942)

A carreira de Patton entre o fim da Primeira Guerra Mundial e o início da Segunda não foi nada excepcional. Em julho de 1920, ele (que havia retornado ao posto de capitão logo após o fim da guerra) foi promovido a major e voltou a Fort Myer e ao 3º Regimento de Cavalaria. Em 1923, frequentou a Escola Avançada de Cavalaria no Kansas e um curso de Estado-Maior em Fort Leavensworth. Após breve estadia em Boston, foi designado para o Havaí, onde chegou em março de 1925, sendo incorporado à divisão local do Exército, cuja função central era proteger a ilha de uma possível invasão japonesa. Sem muito para fazer, dedicou-se aos esportes competitivos que apreciava, como o polo, e continuou a ser aquele oficial extremamente rigoroso com seus subordinados e causador de atritos com seus colegas.

Em 1928, Patton retornou ao continente e, em 1931, foi escolhido para estudar no Army War College (AWC), a mais graduada escola do Exército, voltando logo depois ao seu regimento de cavalaria em Fort Myer. Em 1934, foi promovido a tenente-coronel e no ano seguinte voltou ao Havaí. Em 1937, retornou ao Kansas e, em 1938, promovido a coronel, comandou o 5º Regimento de Cavalaria, em Fort Clark, Texas. Porém, no mesmo ano, foi novamente designado para atuar no Kansas.

Nesses anos, além da sua dedicação aos esportes, aos cavalos e à leitura, ele teve que se posicionar, às vezes por escrito, frente a várias questões que marcavam a instituição militar da qual ele fazia parte, como a mecanização das tropas, o papel da cavalaria e a própria posição dos líderes e oficiais no comando dos soldados. Também teve que lidar com os assuntos de uma época crescentemente politizada e socialmente agitada, além, é claro de seus próprios sonhos ligados à carreira militar.

A DEFESA DA ARMA BLINDADA (1919-1920)

Pouco depois da sua chegada aos EUA, Patton já demonstrava, em cartas e documentos pessoais, o quanto sentia falta da excitação do combate, do barulho das explosões e do ruído das metralhadoras. Para um homem que se sentia mais vivo do que nunca liderando soldados em combate e enfrentando a morte, nada poderia ser pior do que a paz. Ele ansiava por uma nova oportunidade de ser guerreiro.

Tal oportunidade, contudo, demoraria a chegar e, naquele momento, o que lhe restava era continuar sua carreira no Exército. Já no início dos anos 1920, conheceu outro jovem oficial cujo nome seria muito famoso nas décadas a seguir, o futuro comandante em chefe das Forças Aliadas na Europa e presidente dos EUA, o então coronel Dwight D. Einsenhower.

Os dois coronéis tinham muitas coisas em comum. Ambos voltaram ao grau de capitão em 1920, perdendo a promoção temporária da época da guerra. Ambos também apreciavam equitação e a prática do tiro e questionavam com severidade o sentimento antiguerra que varria os Estados Unidos naquele momento e que levava o Congresso a planejar intensos cortes no orçamento militar. E, mais do que tudo, ambos eram fervorosos advogados da guerra blindada num Exército em que as vantagens dos tanques ainda não eram plenamente reconhecidas.

A experiência dos tanques na Primeira Guerra Mundial havia indicado a imensa potencialidade deles, mas não a ponto de gerar uma adesão consensual de todos os militares à guerra blindada. Não espanta, na verdade, que a disputa entre defensores e opositores dos tanques e blindados como instrumentos de guerra ainda estivesse tão intensa, e não apenas nos Estados Unidos, naqueles anos. De fato, tendo entrado em ação apenas no final do conflito, com claras limitações técnicas e de doutrina e com resultados limitados, a arma blindada não podia se vangloriar de ter decidido a guerra ou de ter colaborado decisivamente para a derrota da Alemanha, como podiam fazer a infantaria ou a artilharia. Isso levou muitos oficiais a pensarem que os tanques eram algo superado ou secundário.

Nesse debate, Patton e Eisenhower eram aliados. Ambos os oficiais fizeram estudos e testaram as técnicas e a teoria da guerra blindada tanto intelectualmente como em campo. Ao mesmo tempo, defenderam as suas ideias em várias revistas militares, como a *Infantry Journal*, na qual, em 1920, publicaram artigos em favor da autonomia da arma blindada e do maior investimento no seu desenvolvimento.

Mesmo com esses esforços, o Congresso reduziu, em 1919, o efetivo do Corpo de Tanques para apenas 154 oficiais e 2.508 soldados. Nesse ano, Patton tinha, sob seu comando, centenas de tanques leves Renault, mas com efetivo suficiente para formar uma única companhia. Em 1920, a situação piorou, o Congresso transferiu o corpo de tanques de volta para a infantaria, eliminando a sua autonomia.

Essa derrota provisória dos defensores dos tanques, contudo, não foi o resultado de um simples debate intelectual baseado em argumentos técnicos. Como em qualquer outra instituição, os Exércitos também estão permanentemente divididos pelo corporativismo, pela tendência e desejo de garantir a maior parte dos recursos para o seu grupo. Ainda mais num momento de cortes generalizados de orçamento, cada arma – cavalaria, infantaria, artilharia, engenharia e outras – tentava defender a sua existência e seus recursos, em detrimento das demais. Dessa forma, o debate sobre a guerra do futuro também implicava uma surda luta por prestígio, poder e recursos dentro da instituição militar e, nessa disputa, os jovens oficiais defensores de uma arma inovadora tiveram menos cacife frente a outras, ao menos nesse início da década de 1920.

ENTRE TANQUES E CAVALOS: PATTON NAS DÉCADAS DE 1920 E 1930

Com o fim do corpo independente de tanques, George Patton, promovido a major, percebeu que não teria futuro como oficial da infantaria e solicitou transferência para a sua velha paixão, a cavalaria. Em setembro de 1920, retornou a Fort Myer e ao 3º Regimento de Cavalaria. Lá, exerceu as atividades esperadas de um oficial em tempo de paz – treinamento, manutenção do equipamento e atividades sociais de relações públicas. Com tempo de sobra, dedicou-se a jogar polo e lidar com cavalos.

Mas também continuou a escrever sobre o tema da guerra blindada e sobre as lições a serem tiradas da última guerra. Curiosamente, para alguém que hoje é visto como um visionário da guerra blindada e mecanizada, suas ideias, naqueles anos, eram conservadoras ou, o que é mais preciso, combinavam uma visão contemporânea da guerra com uma mais romântica, do passado.

Ele continuava a crer no valor das cargas de infantaria com baioneta e no da cavalaria como armas fundamentais em futuros conflitos. Em 1922, por exemplo, publicou um artigo no qual comentava as ações da cavalaria britânica na guerra do deserto em 1917 e 1918 e defendia o valor das cargas de cavalaria e dos sabres nos conflitos modernos. Nesse cenário, os cavalos ainda teriam um papel fundamental e nem de longe poderiam ser substituídos por máquinas. No máximo, cavalos e tanques poderiam trabalhar em conjunto e se apoiar mutuamente, complementando-se.

Em outros textos publicados nos anos seguintes, ele manteve a mesma linha de pensamento, opondo-se aos defensores da mais completa possível mecanização do Exército e à ideia de que os tanques e aviões tinham tornado a cavalaria obsoleta, como propunham os analistas britânicos Fuller e Liddel-Hart ou os seus colegas oficiais Bradford Chynoweth e Gilbert Cook, entre outros.

Vale a pena recordar que, nesse momento, o debate sobre o uso dos tanques e blindados na guerra foi talvez o mais importante na maioria dos grandes Exércitos do mundo, todos tentando avaliar da melhor maneira as lições da Primeira Guerra Mundial e definir o uso dos tanques nas guerras do futuro.

Ingleses e franceses foram os que mais refletiram a respeito. A França, que havia utilizado, na Primeira Guerra, seus tanques como arma de apoio à infantaria, manteve essa tradição, e o pensamento dominante no Exército era de que os veículos blindados deviam ser lentos e pesados, espalhados pelos batalhões a pé, de forma a dar um apoio consistente ao avanço dos infantes. Ainda que derrotado, um firme opositor dessa ideia e defensor do uso concentrado e em profundidade dos tanques foi o coronel Charles de Gaulle, futuro líder da França Livre.

Na Inglaterra, o pensamento relativo à guerra blindada também refletiu a experiência britânica no conflito de 1914-1918, na qual os tanques haviam sido utilizados de forma muito menos conservadora que pelos franceses. Homens como Liddel-Hart e Fuller, já mencionados, foram os expoentes da chamada "corrente britânica", que tendia a ver na arma blindada a substituta da cavalaria. Fuller acreditava nas vantagens de uma força formada cem por cento por tanques, enquanto Liddel-Hart defendia o uso de tanques leves e eficientes, apoiados por infantaria, engenharia e artilharia também móveis, os quais exerceriam a antiga função da cavalaria de atacar as linhas de comunicação e suprimento do inimigo. Em 1927, o Exército britânico autorizou a formação de uma força experimental para testar essas teorias. Formada por 48 tanques pesados, vários tanques leves e blindados para reconhecimento, um batalhão motorizado de metralhadoras, um regimento de artilharia mecanizada e uma companhia motorizada de engenharia, essa força experimental era inteiramente móvel e independente. Em manobras concretas, ela demonstrou sua superioridade sobre as forças convencionais. Provou também que a visão de Liddel-Hart a respeito do uso combinado de tanques com outras armas, todas motorizadas, era a mais promissora.

No entanto, a força experimental foi dissolvida em 1929, em boa medida pela resistência do grosso do Exército em aceitar novas ideias. Além disso, algumas das falhas identificadas nas manobras, como a incapacidade por parte da infantaria embarcada em caminhões de acompanhar os tanques com esteiras, indicavam soluções muito caras para o orçamento do Exército naquele momento, como a criação de veículos de transporte de infantaria com esteiras. Como resultado, durante os anos 1930, o Exército britânico manteve brigadas de tanques e unidades de infantaria motorizada nas quais os tanques também estavam presentes, mas sem a coordenação necessária. Com essa deficiência de coordenação, mostraram-se muito inferiores às unidades blindadas alemãs.

Na União Soviética, igualmente, a questão dos tanques era fundamental, pois, juntamente com os aviões, os tanques eram vistos como chave para o fortalecimento militar nacional. No final da década de 1930, quase 25 mil tanques estavam em operação no Exército da União Soviética. A indústria soviética também produzia dez mil aviões por ano para a Força Aérea. Faltavam, contudo, homens treinados para tripular todos os tanques disponíveis e vários deles tinham problemas técnicos. O pior é que faltava uma doutrina militar clara de como utilizar todos esses aviões e tanques. Os expurgos de Stalin no corpo de oficiais, a partir de 1937, movidos por sua desconfiança de tudo e todos que pudessem ameaçar seu poder, pioraram ainda mais a situação, sobretudo porque atingiram especialmente os oficiais mais brilhantes, como Tukachevski, entusiastas da guerra em profundidade e do uso maciço de tanques. Isso deixou o Exército nas mãos de homens, na sua maioria, de competência duvidosa. O resultado foi o desmantelamento dos corpos blindados que estavam sendo criados nos moldes alemães e a distribuição dos tanques pelas divisões de infantaria, com consequências desastrosas quando da necessidade de enfrentar as divisões blindadas alemãs a partir de 1941.

Foi na Alemanha que a questão dos tanques atingiu refinamentos especiais, com a criação da doutrina conhecida como *Blitzkrieg*: uma força de infantaria motorizada, artilharia e blindados, com apoio de aviões, trabalhando num sistema de armas combinadas. A ideia era concentrar poder de fogo num ponto específico da linha inimiga e, após o seu rompimento, penetrar decisivamente pelo seu flanco, desestabilizando-o sem parar e impedindo-o de refazer suas linhas. Um método eficiente e econômico, em termos de baixas, de derrotar o inimigo, que usufruía dos avanços tecnológicos posteriores a 1918 e deveria ser capaz de impedir a repetição da guerra de trincheiras.

Essa doutrina alemã (ou uma ideia geral que permeou o Exército, já que ela nunca foi sistematizada e oficializada e há imenso debate, entre os historiadores militares, sobre a sua origem, evolução e real adoção pelo Exército alemão) tinha origens, como visto, em teóricos alemães e estrangeiros. Ela se aproveitava das técnicas alemãs de infiltração e penetração profunda de forças de infantaria nas linhas inimigas desenvolvidas já durante a Primeira Guerra. Além disso, resultou do fato de a Alemanha ser privada de um grande Exército pelos Aliados depois de 1918, o que deixava seus militares mais abertos a experimentos técnicos e doutrinários que pudessem compensar a inferioridade numérica.

De qualquer forma, retornando ao nosso biografado, fica claro como as defesas de Patton relativas aos cavalos e aos sabres eram as de um major de cavalaria e não do coronel do corpo de tanques que ele havia sido anos antes. Nesse ponto, vemos claramente que, para além da reflexão intelectual de um militar e seu posicionamento frente a um dos debates mais vivos da época em todos os quartéis, havia o corporativismo característico de Patton. Ele valorizava a arma

UM GUERREIRO À ESPERA DO SEU MOMENTO (1919-1942) **41**

a qual estava ligado (assim como havia defendido o corpo de tanques enquanto fazia parte dele), por conta do medo de perder prestígio e possibilidades de ascensão se a "sua" cavalaria perdesse importância.

Por outro lado, é fato que ele acreditava que havia um excesso de confiança, no Exército, sobre as vantagens da mecanização. Patton tinha ojeriza à ideia de que as guerras eram vencidas pelas máquinas e pela superioridade tecnológica. Para ele, eram os homens e a força de vontade que levavam à vitória, e não os instrumentos. Seu raciocínio, em boa medida, se baseava na análise histórica e na premissa de que toda inovação tecnológica trazia, inevitavelmente, uma resposta, a qual anulava suas vantagens, permanecendo, como princípios decisivos da guerra a coragem e a determinação.

Esse raciocínio era compartilhado por outras pessoas naquele momento, como o general Hans von Seeckt, comandante das Forças Armadas alemãs, que também valorizava o espírito de luta e a coragem em detrimento da tecnologia e cujo livro Patton leu e incorporou.

Além disso, Patton valorizava o Exército profissional em detrimento das grandes massas de recrutas. Acreditava no "espírito de luta" e no guerreiro enquanto profissional e não no simples "cidadão em armas". No seu trabalho de conclusão de curso apresentado ao Army War College em 1932, ele utilizou conhecimentos de história para argumentar que exércitos profissionais (como o macedônio ou o romano antigo) foram capazes de derrotar forças muito mais numerosas, mas pouco treinadas e motivadas, já que contavam com habilidade técnica e dedicação. Recordando o exemplo da guerra de 1914-1918, argumentou que ela tinha sido uma exceção, motivada pela criação de novas armas que tinham levado à paralisia nas trincheiras e à necessidade de mobilizar milhões de civis. Para ele, o próximo conflito voltaria ao padrão "normal" da história, com pequenos exércitos profissionais móveis.

Claro que, com o olhar de hoje, é fácil saber que Patton estava errado e que, menos de uma década depois, grandes exércitos de recrutas, com milhões de homens, se enfrentariam em campo. Patton, aliás, seria justamente o comandante de um desses exércitos. Mas, naquele momento, suas conclusões eram, em essência, um palpite ilustrado pelos seus conhecimentos de História Militar, e tão válidos como qualquer outro. Eles indicam, de qualquer forma, como o intelectual Patton avaliava a questão da guerra na época.

A visão da guerra de Patton baseava-se, igualmente, em uma maneira muito pessoal de encarar a vida e a existência. Foi moldada, como apontam a maioria de seus biógrafos, pela crença de Patton na "reencarnação da alma" (ainda que ele fosse membro da Igreja Episcopal) e em suas "vidas passadas", sempre como um soldado. Em vários dos numerosos poemas e contos que ele escreveu nessa época e escreveria ao longo da sua vida, Patton imaginava-se como um soldado que morria em combate: um soldado grego lutando contra o rei Ciro, um legionário romano, um inglês no Exército que derrotou os franceses em Crécy em 1346, um cavaleiro nas forças de Napoleão, um guerreiro viking etc.

A certeza de que estava destinado a ser, como havia sido em suas outras vidas, um herói, um guerreiro que, ao final, morria gloriosamente em combate, marcou também a sua forma de se comportar como militar. Ele não conseguia se imaginar como um oficial que simplesmente fazia seu trabalho, seguindo as normas burocráticas, e nem como um mero condutor de máquinas, um técnico que deveria atingir um propósito através de um meio.

Na mente de Patton, fazer a guerra não era nada disso. Era, sim, uma busca da glória, da excitação e da mesma morte gloriosa que ele já havia tido inúmeras vezes e que teria ainda em vidas futuras. Não espanta, pois, que, enquanto estava no Havaí, por exemplo, ele sonhasse com uma guerra contra o Japão, a China, a Rússia ou novamente a Alemanha. Pouco importava o inimigo. O importante era ter um rival com o qual se medir em batalha.

Do mesmo modo, para ele, a ideia de derrotar o inimigo facilmente pela superioridade tecnológica era quase um sacrilégio. Garantir a vitória pela superioridade material era correto, mas não a ponto de tornar os soldados dependentes e sem espírito de luta. Patton alimentava, assim, uma visão quase romântica da guerra, ao mesmo tempo em que assimilava, aos poucos, a sua face mais moderna.

Num artigo publicado em 1931 no *Cavalry Journal* e intitulado "Success in War", essa sua visão aparece nítida. Nesse texto, Patton conclui que conhecimento, planejamento ou treinamento não são o mais importante para a vitória. Superioridade tecnológica também não. O fundamental é o comandante – um comandante que não seja um ser isolado dos seus comandados, que só sabe transmitir ordens e mensagens, mas uma presença viva, uma personalidade forte, uma "alma de guerreiro" capaz de motivar os homens para o combate e, se necessário, o sacrifício. Mais importante ainda, ele argumenta, é que essa presença forte pode ser adquirida e treinada, como fazem os atores. A partir daí, compreende-se o seu esforço em criar, por toda a vida, uma imagem particular, com suas pistolas chamativas de marfim, suas estudadas poses marciais, suas botas rigorosamente polidas e seus discursos obscenos e vulgares diante das tropas, emitidos mesmo com sua voz muito aguda e pouco imponente.

Patton, que acreditava ter uma alma imortal de um guerreiro, a refinaria para levar seus homens ao sucesso e ele próprio ao panteão dos grandes militares da História. Isso não significa, contudo, que ele fosse uma espécie de lunático, pronto a simplesmente desembainhar sua espada contra qualquer inimigo que aparecesse. Não apenas Patton fazia parte da cadeia de comando das Forças Armadas dos EUA (e sabia que atos ostensivos de rebeldia levariam ao fim da sua carreira), como tinha ideias políticas, talvez não intelectualmente desenvolvidas, mas sedimentadas o suficiente para fazer dele um oficial extremamente conservador e polêmico.

UM OFICIAL CONSERVADOR

No período entreguerras tendo dinheiro e tempo à disposição, George, Jr. e sua esposa transitavam nas altas esferas sociais e políticas de Washington, formando alianças e cultivando relações. Já nessa época, Patton expressava algumas de suas opiniões polêmicas, manifestando aversão ao movimento operário, aos socialistas e à política em geral e imaginando que apenas o Exército poderia restaurar uma ordem pública ameaçada. Tais opiniões eram muito mais conservadoras, aliás, do que seria esperado, dada a influência do seu pai, um progressista que sempre havia desconfiado dos muito ricos e do poder do dinheiro.

Como Patton raramente se preocupava com questões públicas, a não ser na medida em que afetassem sua carreira e o Exército, fica difícil saber exatamente como ele formou sua consciência política. Em parte, seu conservadorismo veio da sua origem social. Ele era, afinal, apesar de ter muito menos dinheiro do que a esposa, um homem razoavelmente rico, tendo herdado ações e outros papéis que lhe rendiam muito mais do que seu salário de oficial. Com isso, podia manter cavalos particulares de corrida e de polo, ter um automóvel e outros luxos inimagináveis para um oficial que tivesse que viver apenas do seu trabalho. Mas não parece ter sido esse o fator principal no seu conservadorismo.

Efetivamente, há sinais de que a maior influência nesse sentido veio da família da esposa, especialmente do cunhado Charles Fanning Ayer e de pessoas próximas a este. Charles havia dirigido uma das fábricas da família Ayer, a American Woolen Company, durante a Grande Greve de 1912, quando seus operários –

especialmente judeus e italianos – protestaram contra os baixos salários e as condições de moradia. Desde então, Charles Fanning Ayer manifestou uma quase fobia contra sindicatos, socialistas e qualquer forma de socialismo. Tais opiniões parecem ter sido passadas a Patton, que, sem tempo nem interesse por refinar o seu pensamento político, absorveu-as em grande parte e passou a repeti-las em declarações feitas ao longo dos anos.

Em cartas e documentos privados dessa época, por exemplo, Patton manifestava ideias que, se tornadas públicas, horrorizariam os defensores da República e da democracia. Em escritos dirigidos à esposa, ele expressava sua esperança secreta de que houvesse uma grande guerra e que, como resultado dela, pela força ou pelo voto, ele se tornaria um novo Napoleão. Patton também não apreciava a política progressista do presidente Roosevelt e nem o próprio, considerando-o muito condescendente para com as escalas inferiores da sociedade.

Nos seus discursos públicos, como o que fez na sede da American Legion, na Virgínia, em 1932, ele era mais cuidadoso na escolha das palavras, mas, mesmo assim, expressava imenso desdém pelos pacifistas e por tudo o que considerasse progressista.

Com isso, Patton era alguém passível de ser classificado como sendo da direita mais reacionária. Nos anos 1930, caso tivesse optado por uma carreira política e não militar, poderia também ter tido sucesso. Afinal, num mundo em que as soluções autoritárias estavam em ascensão, e a América, depois da Crise de 1929, empobrecia, suas posições contra a paz e os pacifistas e sua defesa da ordem e da autoridade a qualquer custo poderiam ter tido algum eco. Para completar, provavelmente, seu lado ator teria feito dele um orador capaz de cativar as massas. Porém, a estabilidade da democracia americana, a liderança marcante de Franklin Delano Roosevelt e o próprio fato de Patton fazer parte do Exército (que impedia a atividade política dos seus membros) previniram, contudo, um risco para a República americana que poderia, quem sabe, ter se tornado sério.

Ainda que Patton nunca tenha se engajado em alguma atividade política antissemita, ele nutria e manifestava um forte preconceito contra os judeus. Acreditava também que cada grupo étnico tinha características próprias e que a "raça branca", em linhas gerais, era superior, sendo a "anglo-saxã" superior a todas. Essa era uma visão comum a quase todos os americanos brancos de origem anglo-saxã naquele momento e que ele matizava, contudo, com suas visões guerreiras, pois completava que os homens brancos oriundos do Sul dos Estados Unidos eram superiores aos outros em termos marciais.

Os japoneses, por exemplo, eram vistos por ele como um povo inferior e perigoso, mas, por outro lado, Patton admirava os samurais como "verdadeiros guerreiros". Quando da sua segunda estada no Havaí, foi autor de um plano para lidar com os muitos residentes japoneses locais em caso de guerra contra o Japão. Solicitado pelo departamento de guerra a redigir um projeto contemplando essa eventualidade, Patton sugeriu a aplicação de uma lei marcial na ilha, com confinamento de todos os japoneses (cidadãos americanos ou não) e atribuição de todos os poderes locais a si próprio.

Ele não teve oportunidade de aplicar pessoalmente o seu plano, mas algo semelhante a suas ideias seria implantado em 1941-1942, tanto no Havaí como na costa oeste dos EUA (para não falar em outros locais, como o Canadá e o Brasil), removendo os japoneses para o interior desértico. Uma indicação não apenas das posições conservadoras de Patton, como de que elas estavam longe de ser isoladas ou fora de contexto naquele momento.

Patton parecia não entender o desespero dos pobres e dos desempregados numa América que, a partir de 1929, estava em plena Grande Depressão. Postura compreensível para alguém que havia nascido em berço de ouro e que, apesar de ser financeiramente afetado pela crise, não podia nem imaginar como seria viver sem o mínimo necessário. Sua visão da política e do conflito social e seu apoio a soluções de força ficam mais claros, contudo, quando dos acontecimentos relacionados aos veteranos da Primeira Guerra em Washington em 1932.

Em maio, cerca de 17 mil ex-soldados marcharam sobre a capital pedindo o pagamento de bônus e outros auxílios, sendo, num primeiro momento, recebidos e apaziguados pelo governo. Patton se enfureceu com o que considerou um tratamento condescendente dado aos seus próprios companheiros de armas.

Em 28 de julho, entretanto, um policial matou um veterano num conflito de rua e o presidente Hoover ordenou a intervenção do Exército. Patton ficou feliz em participar. Sob o comando geral do general Douglas MacArthur, as tropas do Exército limparam a cidade dos que protestavam, resultando em ao menos um morto e dezenas de feridos. A unidade de cavalaria comandada por Patton foi ativa participante no processo de "limpeza", seus soldados espancaram e feriram os veteranos, utilizando inclusive aquele sabre que Patton havia desenhado em 1912. O próprio Patton desferiu muitos golpes, mas também foi ferido na cabeça durante a ação.

Como oficial, ele, evidentemente, tinha que obedecer a ordens. Mas o acontecimento em si revela muito sobre como Patton via os membros do seu amado Exército. Enquanto estavam em uniforme prontos a dar a vida pela Pátria, mereciam alguma consideração. Depois, se fizessem, como civis, qualquer reivindicação, se tornavam problema social a ser resolvido com a força.

Outro sinal dessa maneira de pensar foi a sua recusa, documentada pelos jornais, em encontrar o sargento Joseph Angelo, que, em 1918, tinha salvado a sua vida, resgatando-o ferido do campo de batalha. Ele agora era participante ativo do grupo dos veteranos e, ao pedir para ver o antigo comandante, foi solenemente ignorado.

Ao contrário de Eisenhower, Truscott e outros oficiais, que manifestavam ao menos alguma simpatia pelas demandas dos veteranos, Patton demonstrou total insensibilidade e uma visão clara de que pobres e soldados comuns tinham um lugar bem delimitado no seu mundo de grandes generais e da alta sociedade.

UM GUERREIRO DE ALMA NOVA NUM NOVO EXÉRCITO (1939-1942)

A trajetória de Patton, suas promoções e suas transferências pelo território americano estavam aquém das típicas de um oficial naquele momento. Mesmo com todo o seu dinheiro e conexões, Patton não estava sendo especialmente bem-sucedido. Vários dos seus colegas no Army War College eram, em 1931, mais jovens ou tinham se graduado bem antes do que ele.

Além disso, a carreira escolhida não era tão promissora nos EUA naqueles anos, quando o Exército era claramente inferior – em prestígio e recursos – à Marinha e tinha efetivos e equipamentos bastante limitados. Os EUA considera-vam-se seguros no seu continente, protegidos por dois oceanos e pela sua relativamente poderosa Marinha. Não havia interesse em alocar mais recursos para forças terrestres que muito provavelmente seriam utilizadas, no máximo, para expedições punitivas no Caribe ou para guarnecer as Filipinas. Assim, para os oficiais, as oportunidades de avanço profissional dentro desta arma pequena (280 mil homens em 1920, 140 mil em 1922 e 189 mil em 1939) e pouco prestigiosa não eram grandes, mas as de Patton pareciam ainda menores.

Um momento claro de crise para ele foi quando de sua volta ao Havaí, em 1935. Com quase 50 anos de idade, ele era ainda um tenente-coronel e não vislumbrava grandes perspectivas de promoção rápida, especialmente devido ao tamanho minúsculo do Exército. Conseguir todo sucesso que almejava, então, era um sonho muito distante e isso se refletiu claramente na sua vida pessoal.

Foi naquele tempo, efetivamente, que seu casamento começou a ir mal e ele, segundo algumas fontes, iniciou um relacionamento com uma amante décadas mais jovem. Seus hábitos de beber em excesso, arrumar brigas e confusões e utilizar palavras obscenas (o que sempre havia lhe trazido problemas) tornaram-se ainda mais pronunciados.

Ele também começou a procurar alternativas na carreira, e utilizou suas conexões políticas para tentar transferências e promoções. Mas sua grande chance só viria com uma guerra importante. E, felizmente para ele, Adolf Hitler começou o conflito ao invadir a Polônia em 1º de setembro de 1939.

Nesse momento, a mecanização do Exército continuava a ser um dos temas mais discutidos dentro de todos os grandes Exércitos do mundo, e o dos Estados Unidos não eram uma exceção. Em 1939, oficiais como os generais Adna Chaffee e Daniel Van Voorhis defendiam, após examinarem o exemplo do Exército alemão, a imediata transferência de todos os tanques disponíveis no país para uma divisão blindada independente, mesmo que soldados e recursos tivessem que ser subtraídos à cavalaria.

Do Kansas, Patton estava entre os oficiais que não aceitavam a perda de influência da cavalaria e tentavam lutar pela sua manutenção. Em agosto de 1939, em manobras na região de Manassas (na Virgínia), ele comandou sua cavalaria com imensa eficiência, utilizando-a para flanquear a infantaria e espalhar o caos na retaguarda da tropa inimiga (americana, colocada na oposição a ele nas manobras), o que poderia ter tido o potencial de reforçar os argumentos favoráveis a ela.

No entanto, os acontecimentos internacionais acabaram por indicar claramente a força dos tanques. Em apenas um mês, em 1939, o Exército alemão, utilizando a *Blitzkrieg*, destruiu as forças armadas polonesas. Para ironia dos que ainda defendiam a importância da cavalaria, foi justamente nessa campanha que aconteceu uma das últimas cargas de cavalaria da história, dos poloneses contra os tanques alemães, com os resultados esperados, ou seja, a morte de quase todos os primeiros, sem causar danos aos blindados alemães.

Uma manobra no Texas em outubro, quando a infantaria motorizada foi claramente capaz de flanquear e capturar uma unidade equivalente de cavalaria, reforçou ainda mais os argumentos dos que defendiam a aposentadoria definitiva dos cavalos. Nem todos os oficiais se convenceram disso, mas Patton foi um deles, voltando-se definitivamente para os tanques. Outro que se convenceu foi o general Marshall, que ordenou a execução de uma série de grandes manobras de avaliação da nova realidade e do novo Exército que estava sendo formado.

Em maio de 1940, na Louisiana, as manobras indicaram claramente a superioridade dos blindados, que venceram as unidades a cavalo. Mesmo assim, havia resistências quanto ao seu uso independente da infantaria e muitos oficiais consideravam perigoso que as colunas blindadas se afastassem demasiado dos soldados a pé que as apoiavam. Mas os resistentes estavam claramente perdendo a batalha para a nova realidade.

A campanha da França, entre maio e junho de 1940, também foi decisiva para a mudança de mentalidade dos militares americanos. Quando os Exércitos de Hitler atacaram as forças anglo-britânicas, o fizeram num ponto menos defendido da fronteira com a França e a Bélgica, e com emprego maciço de tanques e aviões. Sob o comando de entusiastas da guerra blindada, como os generais Erwin Rommel e Heinz Guderian, as forças alemãs quebraram as linhas de defesa dos Aliados, espalhando o caos na sua retaguarda, e obrigaram a capitulação da França e a fuga dos remanescentes dos Exércitos britânico e francês para a Inglaterra.

O mais impressionante, para os observadores militares, é que isso foi obtido mesmo quando os Aliados dispunham de mais tanques (cerca de 4 mil diante de 2.200 alemães) e aviões, normalmente melhores em termos técnicos, do que os nazistas. Além disso, o Exército alemão, naquele momento, tinha menos veículos, em geral, do que o francês e sua base continuava a ser formada por massas de infantaria que caminhavam para a linha de frente e eram abastecidas por trens e cavalos. Apenas umas poucas divisões eram realmente motorizadas e as blindadas eram a minoria absoluta. Mas eles utilizaram o pouco que tinham de maneira inovadora, enquanto os Aliados continuaram a empregar os tanques de forma conservadora, dispersando-os entre a infantaria, e isso foi fatal para as suas forças.

Claro que a campanha da França também revelou os limites do tipo de guerra feito pelos alemães. Em primeiro lugar, em termos estritamente militares, demonstrou-se que as unidades de tanques não podiam, efetivamente, se afastar em excesso de suas unidades de apoio, sob o risco de serem isoladas e destruídas, como quase aconteceu com as unidades alemãs frente às britânicas em alguns momentos. Ao mesmo tempo, os profundos golpes blindados só conseguiam um resultado estratégico (obrigar o inimigo a se render) quando este

Um guerreiro à espera do seu momento (1919-1942)

já tinha pouca vontade de lutar – como era o caso da França de 1940 – e em países territorialmente não muito grandes. Em campanhas como, por exemplo, a da Rússia em 1941-45, os limites táticos e estratégicos da *Blitzkrieg* ficaram mais claros.

Não obstante, a lição mais clara das campanhas alemãs em 1939 e 1940 era que a guerra moderna implicava, sim, o uso concentrado de tanques, blindados, aviões e armas de apoio. Todos os Exércitos começaram imediatamente a refazer suas doutrinas, e o dos EUA não foi exceção. Em 10 de julho de 1940, finalmente, o general Adna R. Chaffee, um antigo defensor da guerra blindada, recebeu o comando da recém-criada U.S. Armored Force e do Primeiro Corpo Blindado. Pouco depois, Patton foi designado para comandar uma das brigadas da 2ª Divisão Blindada, recém-criada em Fort Benning (Columbus, Geórgia).

Essa era, ainda, uma brigada em formação, com 5.500 homens, 383 tanques e 202 carros blindados. A maioria dos tanques estava armada com apenas uma metralhadora e tinha blindagem leve, sendo adaptados para apoio à infantaria, mas não para as manobras de rompimento da linha inimiga, como faziam as divisões Panzer alemãs. Seus soldados eram civis recém-incorporados e com pouco treinamento. Mas era um bom começo, e Patton ficou bem satisfeito com seu novo comando. Em 1º de outubro, finalmente, ele chegou ao generalato, sendo promovido a brigadeiro-general. Logo, assumiu o comando de toda a divisão.

Na Geórgia, Patton, que sempre havia sido um grande estudioso de assuntos relacionados a tanques, mesmo quando defendia a validade do emprego de cavalos, ampliou, a partir de então, suas leituras com livros e artigos escritos por oficiais alemães e traduzidos para o inglês. Em uma palestra que fez em setembro de 1940, sua conversão final ao novo modelo de guerra, somada à manutenção da sua crença no valor da liderança e do moral, ficou nítida. Dirigindo-se aos oficiais da sua divisão, Patton reconheceu que o uso da moderna tecnologia e de uma nova doutrina havia dado grandes vitórias aos alemães. Argumentou, porém, que algumas das táticas, como a do envolvimento, eram antigas como a humanidade e que a qualidade da liderança ainda era fundamental.

Em 1941, quando novas e imensas manobras foram organizadas pelo Exército americano, a questão não era mais verificar se os tanques eram superiores aos cavalos ou se a infantaria deveria ser apoiada pelos tanques ou o inverso, mas como refinar e resolver problemas de uma nova doutrina que havia se imposto pela força dos fatos. Nessas manobras, a divisão de Patton mostrou um grande potencial.

50   PATTON

Em junho, no Tennessee, ele fez um discurso aos seus homens que ficaria famoso. Na ocasião, ressaltou que os princípios fundamentais da sua divisão, em particular, e da guerra blindada, em geral, eram "pegar o inimigo pelo nariz e golpeá-lo na retaguarda". Golpear, se movimentar, golpear novamente e continuar a se mover, não permitindo ao inimigo se recuperar; eis a essência da guerra blindada para Patton.

Nas manobras de 1941, foi exatamente isso que sua divisão procurou fazer; porém, os problemas e as dificuldades para colocar a teoria em prática ficaram evidentes. As tropas demonstraram entusiasmo, mas também falta de experiência e problemas de coordenação. Ficou claro, igualmente, que os tanques estavam longe de ser invulneráveis, podendo ser destruídos com relativa facilidade pelos canhões antitanque. Conclusões semelhantes puderam ser tiradas das batalhas entre britânicos e alemães, ocorridas no mesmo período, no norte da África.

Nas manobras seguintes, na Louisiana, em agosto e setembro, houve todo um esforço, e não só na divisão de Patton, para corrigir esses problemas e incorporar rapidamente as novas lições que a guerra estava trazendo. Em novembro, as grandes manobras das Carolinas, as quais envolveram quatrocentos mil soldados em uma área imensa, finalizaram a série.

Em alguns desses exercícios, a divisão de Patton esteve no lado perdedor, mas, em geral, atuou com eficiência. A principal lição foi a necessidade de não deixar os tanques isolados, mas fazê-los atuar em conjunto com as unidades de reconhecimento, a infantaria e a artilharia. Nessas manobras, Patton também experimentou vários métodos de controle e comunicação entre as tropas (como o uso de aviões para observação) e fez várias sugestões técnicas, que foram incorporadas.

Contudo, outras de suas sugestões foram recusadas, como a adoção de um uniforme especial para os tanquistas, feito de tecido verde, com um design moderno e capacete dourado. Era prático, mas foi considerado tão ridículo que Patton foi apelidado, pelos jornais, de "O Besouro Verde" (título de um então popular personagem de programas de rádio) ao aparecer vestindo o protótipo. De qualquer modo, sendo elogiado ou criticado, a partir de então, Patton passaria a estar sempre em evidência, nos jornais, sendo aos poucos notado pelo grande público.

Mais importante, contudo, para a sua carreira foi o fato de ter sido finalmente notado por membros dos escalões superiores, como o general Marshall, como alguém especialmente audaz e dotado para um comando tático. Isso sim seria fundamental para a sua ascensão no novo Exército em construção.

Nesse momento, efetivamente, as forças armadas dos EUA iniciavam um vigoroso programa de expansão e reequipamento devido à crescente tensão internacional e à guerra na Europa. Em 1940, pela primeira vez na história do país, foi instituído o recrutamento militar obrigatório em tempos de paz e maciços programas de reequipamento foram implantados. Em alguns setores, como o das munições, apenas nesse ano, o financiamento aprovado pelo Congresso era igual à soma de tudo o investido nos vinte anos antes e tal soma seria considerada pequena frente ao que viria depois. A imensa indústria americana começou a ser mobilizada e, aos poucos, foi capaz de fornecer material em enorme quantidade aos militares.

Tal situação permitiu um fluxo contínuo de recrutas e material para o Exército (que incluía a Força Aérea), a Marinha, os Fuzileiros Navais e a Guarda Costeira. Por fim, com a entrada do país na Segunda Guerra Mundial depois do ataque japonês a Pearl Harbour, em fins de 1941, as Forças Armadas se expandiram ainda mais velozmente e adquiriram dimensões inimagináveis anos antes.

Efetivamente, enquanto o conjunto das Forças Armadas cresceu de 370 mil homens em 1939 para quase 12 milhões em 1945, apenas o Exército, que havia sido negligenciado num primeiro momento, se desdobrou de uma força de menos de 200 mil soldados e oficiais para 1,5 milhão em 1941 e quase 8 milhões em 1945, ou seja, multiplicou-se por 40. Dentro do Exército, foi fundamental a figura do general George Marshall, o qual conduziu, com impecáveis dotes de organizador, a transformação de um Exército pequeno e relativamente mal armado numa força imensa, capaz de invadir a Europa de Hitler e forçar a derrota do Japão no Pacífico.

Marshall, aliás, foi o cérebro por trás de uma reorganização fundamental no Exército, que não apenas cresceu muito e reformulou sua doutrina tática, mas foi reformado estruturalmente em base triangular. Por esse esquema, três esquadras de doze homens eram reunidas em um pelotão; três pelotões formavam uma companhia; três companhias formavam um batalhão e assim por diante, passando por regimento, divisão, corpo, Exército e grupo de Exércitos. Um sistema quase modular e voltado ao movimento e à rapidez, com uma unidade que atacava, outra que procurava o flanco do inimigo e outra que esperava a oportunidade para atuar.

52 PATTON

Com a total motorização, essas unidades podiam se mover dez vezes mais rápido que a Força Expedicionária americana na Primeira Guerra e tinham um poder de fogo muito superior ao de suas congêneres de vinte anos antes. Vencer pelo poder de fogo, pela mobilidade e pela superioridade material, eis a nova filosofia do Exército. Nesse contexto, não espanta que um homem como Patton tenha chamado a atenção dos superiores.

Dentro da nova realidade, as perspectivas dos oficiais já nas fileiras se tornaram imensamente promissoras, e alguns conseguiram avanços de quatro ou cinco posições na hierarquia no espaço de poucos anos. Eisenhower, por exemplo, ascendeu de coronel a general de cinco estrelas em apenas três anos, e muitos outros repetiram esse caminho.

Patton, que já havia revelado todos os seus dotes de tático nas manobras de 1940 e 1941, chamou a atenção não apenas do seu velho amigo Eisenhower, mas também do general Marshall. Para completar a sua boa fase, seu velho amigo Henry Stimsom tinha assumido o posto de secretário da guerra, o que deu a Patton uma retaguarda política de primeiro nível. Assim, ele começou a ascender rapidamente tanto na hierarquia como na ocupação de postos de importância.

No início de 1942, por exemplo, ele foi convocado pelo Departamento da Guerra para formar um centro de treinamento de guerra no deserto no sudoeste dos EUA e para lá foi transferido, juntamente com a sua divisão e outras tropas. Lá, Patton treinou os soldados com imenso rigor e nas condições terríveis da região, exigindo disciplina estrita e enorme dedicação.

Em junho de 1942, acontecimentos em outro deserto alteraram a vida do general Patton. Tropas alemãs, comandadas pelo famoso general Erwin Rommel, derrotaram os britânicos em Tobruk e se aproximaram do Egito. Ao mesmo tempo, Eisenhower, promovido a tenente-general, foi enviado a Londres como comandante geral do Teatro de Operações europeu. Esses dois acontecimentos acabaram conduzindo Patton a sua nova missão: ajudar a preparar a invasão do norte da África francês (Marrocos e Argélia) pelos Aliados.

Chegando a Londres em agosto, Patton começou imediatamente a trabalhar nessa tarefa. As dificuldades eram imensas, pois os desembarques se dariam a grandes distâncias das bases, com unidades pouco treinadas em desembarque anfíbio e frente a tropas bem mais experimentadas, as alemãs. Patton, segundo os registros e documentos de época, imaginava superar as dificuldades, bem no seu estilo, graças a sua liderança incomum e capacidade de motivar as tropas.

Há registros, inclusive, de discursos seus nos quais dizia às tropas que elas deviam estuprar as mulheres dos inimigos, matá-los, pilhar suas cidades e atirar os "fdp" ao mar. Igualmente, muitos testemunhos mencionam que, na época, ele dizia repetidamente que preferia não voltar a retornar derrotado, o que lhe parecia a escolha – vitória ou morte – digna de um guerreiro. Se ele realmente acreditava em tudo isso é questionável, mas manifestar essas ideias aos quatro ventos fazia claramente parte de sua forma de liderar.

Em 23 de outubro de 1942, Patton embarcou no cruzador Augusta, no porto de Hampton Roads. Estava no comando de uma das forças de ataque e seu destino era a África. Finalmente, após tantos anos sonhando com o comando de homens em combate real, ele seguia para a guerra.

A Segunda Guerra Mundial: África, Sicília e Overlord

OPERAÇÃO TORCH: ARGÉLIA E MARROCOS

Desde a invasão da URSS pelas tropas de Hitler em 22 de junho de 1941, os soviéticos eram os que enfrentavam a maior parte das forças aéreas e terrestres do Terceiro Reich e seus companheiros do Eixo, totalizando cerca de 160 divisões alemãs, com outras 40 fornecidas por seus aliados finlandeses, romenos, italianos, húngaros e outros. No total, contando as forças de apoio mais as aéreas, lutavam entre três e quatro milhões de homens, os quais representavam o grosso dos efetivos militares totais do Eixo.

Os Aliados ocidentais, nesse período, mantinham uma campanha de bombardeio aéreo contra a Alemanha e travavam batalhas contra os submarinos e a frota de superfície alemã. A única frente de batalha terrestre era o norte da África, onde, desde 1940, ingleses e italianos disputavam o controle do Egito e da Líbia, então colônias. Com as contínuas derrotas dos mal armados italianos, tropas alemãs foram enviadas para tentar resolver a questão. Era o famoso Afrikakorps, comandado por um dos mais brilhantes generais alemães, Erwin Rommel, ao qual se opunha o 8º Exército britânico, comandado, na sua fase final, pelo general Bernard Montgomery.

Os combates nos desertos da Líbia e do Egito tornaram famosos esses dois generais e foram imortalizados em muitos filmes e livros, mas representavam, em comparação com as lutas imensas na frente russa, algo muito pequeno. Stalin, por isso mesmo, não cansava de pedir a Churchill e Roosevelt a abertura imediata de uma nova frente de batalha para desviar recursos alemães da União Soviética. O seu desejo maior era um desembarque em massa de soldados anglo-americanos na França, sendo que os Estados Unidos também acreditavam que essa abordagem direta seria o melhor. Isso, contudo, era inviável em curto prazo, dada a necessidade de acumular imensos recursos, na Inglaterra, antes do ataque.

Para atender à demanda soviética e garantir seus próprios interesses geopolíticos no Mediterrâneo, os britânicos sugeriram um desembarque americano muito menor no norte da África francês. O objetivo inicial era facilitar a expulsão dos alemães e italianos da África e derrotar o Afrikakorps (a ser atacado pelos dois lados, do ocidente e do oriente). Com isso, os Aliados conseguiriam melhorar o controle naval do Mediterrâneo e, por fim, aumentar a pressão sobre a Itália e o sul da Europa, com a possibilidade, inclusive, de novas operações posteriores nessa região. Os americanos, mesmo não concordando completamente com a abordagem britânica, acabaram por aceitar participar da operação que foi batizada de Torch.

O inimigo a ser combatido não era nem os fascistas de Mussolini, nem os alemães, mas os franceses. Desde 1940, com a derrota da França, um governo aliado ao nazismo havia se instalado no país – o Governo de Vichy – e as colônias francesas do norte da África (Argélia, Tunísia e Marrocos) obedeciam a ele. Ali, os franceses contavam com cerca de 130 mil soldados, algumas centenas de tanques obsoletos e outro tanto de aviões, alguns dos quais em condições de enfrentar os anglo-americanos. Havia também várias unidades navais e submarinos, que poderiam ser um problema para a invasão.

Os Aliados, contudo, não acreditavam que os franceses iriam lutar. Isso porque boa parte dos oficiais e soldados franceses seguia com relutância a política de aliança com os inimigos alemães e acreditava-se que um pouco de pressão política e militar seria capaz de fazê-los cooperar em vez de resistir. Até por isso, os soldados britânicos e americanos receberam ordens de só atirar em resposta, e foi feito todo um esforço, digno de filmes de espionagem, para contatar clandestinamente os comandantes franceses e garantir o máximo de apoio possível antes dos desembarques.

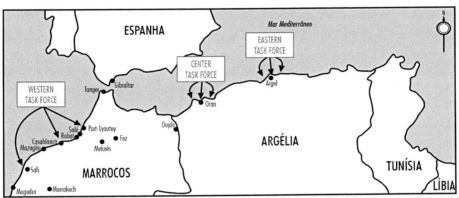

Operação Torch. A invasão do norte da África – novembro de 1942.

Em linhas gerais, a operação se compunha de três grandes forças navais, cada uma das quais deveria desembarcar em uma região-chave. A Eastern Task Force e a Center Task Force seriam dirigidas à Argélia e, mais especificamente, aos portos mediterrâneos de Argel e Oran, com posterior avanço para a Tunísia. A Western Task Force, por sua vez, se dirigiria à costa atlântica do Marrocos, visando à conquista de Casablanca e outros portos secundários. No total, estavam envolvidos cerca de oitenta mil soldados, na maioria americanos. A Western Task Force compreendia três divisões dos Estados Unidos (2ª Blindada e 3ª e 9ª de Infantaria) totalizando aproximadamente 35 mil homens que partiram diretamente do território americano e estavam sob o comando direto de Patton.

No geral, como esperado, a resistência francesa foi realmente pouco consistente. Nos portos argelinos, ela foi mais simbólica e os invasores foram recebidos como aliados. Apenas nos portos marroquinos houve uma oposição um pouco mais séria, devido à dificuldade dos franceses pró-Aliados em assumir o controle, mas, em poucos dias, ela também foi anulada. Nesse contexto, a atuação de Patton, como comandante da Western Task Force, foi tanto a de um general como a de um diplomata.

No comboio de cem navios que havia deixado a Virgínia, ele não tinha muito que fazer, já que a Marinha conduzia a operação no mar. Aproveitou o tempo para se exercitar, praticar tiro no convés e ler obras (como o Corão) que lhe permitissem entender melhor o mundo árabe e que, uma vez em terra, poderiam ajudá-lo a saber mais sobre a região onde se dariam as próximas batalhas.

Em 8 de novembro de 1942, a luta entre franceses e americanos começou com navios e baterias costeiras francesas abrindo fogo e recebendo forte bombardeio dos navios da Marinha dos Estados Unidos. No mesmo dia, Patton já estava em terra, comandando as tropas e negociando com os franceses a rendição. Dois dias depois, suas tropas já estavam prontas para atacar Casablanca quando os soldados de Vichy aceitaram os seus termos e se entregaram.

Foram termos bastante generosos, já que a ideia geral era trazer os franceses de volta ao campo aliado e não destruí-los. Patton os tratou com respeito e compareceu, inclusive, a cerimônias fúnebres em homenagem às centenas de americanos e franceses mortos na luta. Ele também permitiu, seguindo a política geral aliada, que a situação pré-invasão ficasse, em essência, inalterada: as leis e os regulamentos de Vichy continuaram, em geral, válidos e os comandantes coloniais ficaram em seus postos, junto com suas tropas, controlando o país.

Patton agiu como diplomata também frente ao sultão do Marrocos, participando de recepções e caçadas organizadas pela nobreza local. Também tomou atitudes para contentar e agradar a população árabe, ao mesmo tempo em que, nas anotações privadas, refletia sobre como, a seu ver, os ensinamentos de Maomé eram responsáveis pelo atraso e pela inferioridade daquele povo.

Apesar da sua boa atuação, Patton não recebeu, como queria, o comando do recém-criado 5º Exército dos EUA, que foi atribuído ao general Mark Clark no início de dezembro. Ele ficou bastante decepcionado, pois considerava sua experiência em comando de tropas muito superior à de Clark.

Em dezembro de 1942 e no início de 1943, visitou unidades anglo-americanas e exerceu atividades cerimoniais e de guarda, como quando do encontro Churchill-Roosevelt em Casablanca no mês de janeiro. Sua inatividade bélica só foi encerrada devido aos ventos da derrota que atingiram outras forças aliadas naquele momento.

Em janeiro de 1943, o 8º Exército britânico, vindo do Egito para o oeste, expulsou efetivamente o Afrikakorps de Rommel da Líbia e o forçou a recuar

Patton no teatro de operações do Mediterrâneo, 1943. Nota-se a "face de soldado", expressão facial que ele usava com frequência.

para a Linha Mareth, uma série de fortificações que protegiam os acessos da Tunísia. Os americanos e britânicos da Argélia planejaram avançar igualmente para a Tunísia, pelo leste, com um exército formado pelo 2º Corpo americano (liderado pelo general Lloyd Fredendall) e tropas britânicas, sob o comando geral do general britânico Anderson. Patton não ficou contente com o fato de as tropas americanas serem comandadas por um britânico e muito menos com o plano de ataque, que lhe pareceu pouco imaginativo.

Mas quem atacou, na verdade, foi Rommel. Aproveitando a demora dos britânicos em atingir a Linha Mareth e a chegada de reforços vindos da Itália e da Alemanha, ele se voltou para o 2º Corpo americano, lançando as 10ª e a 21ª Divisões Panzer contra os americanos em 14 de fevereiro. Enfrentando soldados veteranos das campanhas da França e da Rússia e com armamentos superiores aos seus, como os canhões de 88 mm e os novos tanques Mark IV e VI, os inexperientes americanos recuaram, deixando três mil mortos e feridos e outro tanto de prisioneiros, em Kasserine. Uma das baixas em combate foi o genro de Patton, tenente-coronel John Waters, capturado pelo inimigo em 16 de fevereiro.

O primeiro encontro entre soldados americanos e alemães terminou, assim, com uma vitória alemã e uma humilhação americana. À espera da chegada de Montgomery e com pouca gasolina, Rommel não pôde explorar seu sucesso, e logo os soldados alemães recuavam para suas antigas posições. Não obstante, uma derrota era uma derrota e os americanos tiveram que procurar meios de recuperar o moral de suas tropas e resolver os problemas de comando e treinamento que haviam facilitado a ação alemã. Uma das soluções encontradas foi colocar Patton no comando do 2º Corpo, o que foi feito no início de março.

O general (promovido a tenente-general, três estrelas, em março) Patton imediatamente lançou uma série de medidas para reorganizar a força de cem mil homens que havia sido colocada sob o seu comando. A cadeia de comando foi refeita e a disciplina imposta com multas e punições até mesmo no tocante ao vestuário adequado e à barba. Seguindo seu estilo, Patton também procurou recuperar a autoestima das tropas e, com atividade incessante, demonstrar que uma nova liderança havia chegado. Recorreu até mesmo à humilhação de oficiais, como quando urinou no abrigo antiaéreo de um dos generais da 1ª Divisão de infantaria por considerar o ato de abrigar-se dessa maneira uma prova de covardia. Um ato que humilhou o oficial na frente das suas tropas, mas que foi contraproducente em termos de melhora do moral geral, pois chocou a todos os que assistiram à cena.

A nova função do 2º Corpo instalado no extremo sul da Tunísia era apoiar o avanço de Montgomery em direção à Linha Mareth, desviando tropas da batalha principal. Rommel e o Exército alemão, naquele momento, já consideravam sua posição na Tunísia insustentável e o próprio "Raposa do deserto" retornou à Alemanha em 9 de março.

No dia 17 de março, os americanos atacaram e avançaram sem dificuldades, ainda que pouco para os desejos de Patton, apoiando os britânicos. Na verdade, a campanha, feita contra um inimigo em dificuldades e recuando, foi bem-sucedida não tanto pelo planejamento e liderança excepcionais de Patton, mas pelo uso da superioridade numérica e de poder de fogo. A luta na Tunísia só terminaria no início de maio, com a rendição italiana e alemã.

Segundo algumas fontes, Patton foi removido do comando do 2º Corpo, em 15 de abril, por questões políticas, particularmente por criticar Eisenhower e os britânicos. As láureas pela derrota final do Afrikakorps, assim, ficaram com Montgomery, o que irritou enormemente o general Patton. Ele, contudo, estava satisfeito com seu trabalho: tinha ajudado a restaurar a confiança e a autoestima dos militares americanos e estava pronto para a sua nova meta, a Sicília.

HUSKY: A INVASÃO DA SICÍLIA

Invadir a maior ilha italiana, próxima do continente africano, era uma derivação óbvia da conquista da Tunísia tanto logística e militarmente – já que um imenso exército Aliado estava ali presente – quanto politicamente, já que o objetivo estratégico era drenar recursos alemães da frente russa e debilitar o regime fascista de Mussolini, que era o elo fraco do Eixo.

Para a operação, denominada Husky, seriam utilizados 160 mil homens (metade dos quais americanos), 14 mil veículos, 600 tanques e 1.800 canhões. Sob o comando de Patton, 6 divisões americanas formavam o 7º Exército e receberam a missão de apoiar a invasão principal, a ser feita pelo 8º Exército britânico de Montgomery. Os inimigos eram os numerosos (cerca de 200 mil homens), mas desmoralizados e pobremente equipados: italianos instalados na costa e, especialmente, três divisões do Exército alemão e unidades aéreas da Luftwaffe, totalizando cerca de 60 mil homens, com graves carências em efetivos e armamentos.

No início de julho de 1943, os comboios Aliados partiram do Marrocos, da Tunísia e do Oriente Médio. Após o envio de tropas aerotransportadas, as forças

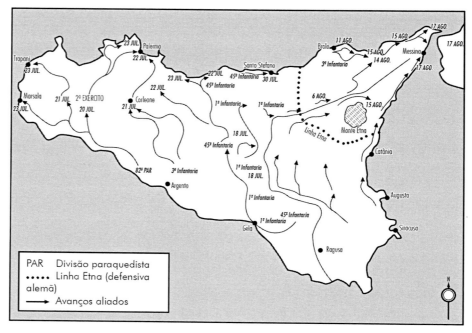

A invasão da Sicília e a "corrida" para Messina.

principais desembarcaram em 10 de julho no sul e no leste da ilha, naquele que foi o maior desembarque anfíbio (em termos de unidades desembarcadas em um dia e extensão da linha de desembarque) da Segunda Guerra Mundial. Elas enfrentaram pouca resistência nas praias, mas logo foram engajadas por unidades alemãs e italianas.

No planejamento inicial, a função do Exército de Patton era proteger o flanco dos britânicos, o que o enfureceu e o fez protestar por considerá-la secundária. Tendo finalmente obtido a permissão do Alto-Comando Aliado, enviou suas tropas em direção a Palermo e, depois, à Messina. Apesar de problemas logísticos e da pouca colaboração entre forças de ar e terra, as forças americanas avançaram rápido e conseguiram chegar à Messina antes dos britânicos, que vinham do sul.

Para Patton, chegar àquela cidade antes do 8º Exército era uma prioridade, pois queria a satisfação de vencer os britânicos nessa "corrida". Tanto que ordenou que suas tropas só entrassem na cidade depois que ele chegasse para liderá-las pessoalmente (esse gesto de vaidade acabaria facilitando a fuga de

A Segunda Guerra Mundial: África, Sicília e Overlord 63

Patton encontra Monty em Palermo, 1943.

soldados alemães para o continente). Ele pressionou seus homens para avançar a qualquer custo, mesmo ao de maiores perdas, para vencer sua pequena disputa particular com Montgomery e reforçar a sua reputação de bom comandante. O episódio é revelador da capacidade do general Patton de manter contato íntimo com seus soldados, sem importar-se muito, contudo, com a vida deles, já que o estava em jogo eram os seus ganhos pessoais.

Em termos militares, a conquista da Sicília foi relativamente simples, com poucas baixas, e não trouxe grandes vantagens aos Aliados (com exceção da experiência), ainda mais porque eles permitiram, apesar da sua supremacia aérea e naval, que a maior parte dos alemães fugisse para a Itália continental. Além disso, dos 120 mil homens que eles capturaram, apenas cerca de 4 mil eram alemães, sendo o restante italiano. Parece claro que, no episódio, os Aliados se bateram contra um inimigo que não estava mais disposto a lutar e que, portanto, a vitória não foi algo tão significativo.

Mesmo assim, ela foi importante em termos simbólicos, pois representou a volta dos Aliados ao continente europeu. Além disso, aumentou a pressão sobre o governo de Mussolini, que acabou por ser finalmente deposto em um golpe de Estado logo depois. A eliminação de um dos parceiros do Eixo e a consolidação do domínio do Mediterrâneo foram, portanto, pontos positivos da campanha.

Patton ficou satisfeito com sua atuação e de suas tropas, considerando a campanha perfeita. A mídia americana o elevou às alturas e ele teve a satisfação de ser vitorioso em sua pequena disputa particular com os britânicos. Logo, contudo, os famosos incidentes com os soldados nos hospitais e alguns massacres e assassinatos cometidos por suas tropas fariam com que sua lua de mel com a mídia terminasse, abalando sua carreira cuidadosamente construída até então.

SICÍLIA: UM GENERAL EM MAUS LENÇÓIS

As agressões de Patton a soldados em hospitais na Sicília já foram narradas na introdução deste livro e não há a necessidade de retomá-las. Basta recordar que, ao serem divulgadas, elas levaram a opinião pública, e mesmo muitos dos seus próprios soldados, a se posicionar contra o general e quase o fizeram ser removido do comando. Outras atitudes intempestivas de Patton, como quando descarregou sua arma em algumas mulas de um camponês siciliano que atrapalhavam o trânsito dos seus veículos, também não tiveram boa repercussão. Menos conhecidas, mas ainda mais graves, foram as violações cometidas por seus soldados na campanha da Sicília e que, indiretamente, podem ser atribuídas a ele.

A primeira delas se deu na cidade de Biscari, em 13-14 de julho, quando cerca de 40 alemães foram fuzilados, após se renderem, por um esquadrão comandado pelo capitão John C. Compton, da 45ª Divisão. Mais ou menos no mesmo momento, o sargento Horace T. West, da mesma divisão, comandou o assassínio de 34 italianos e 2 alemães que haviam se rendido. Pouco depois, outros alemães e italianos aprisionados foram mortos por soldados americanos em Comiso.

Assassinar prisioneiros já desarmados e em custódia é uma flagrante violação das leis internacionais, mas o massacre de civis é ainda pior e, em Canicatti, quase ao centro da Sicília, foi justamente o que os soldados da 45ª Divisão fizeram. Ao tentar controlar uma multidão faminta e após pedir instruções, o oficial em comando se sentiu no direito de ordenar às tropas que abrissem fogo, matando no mínimo 21 italianos, todos civis.

Na sua defesa, quando dos julgamentos a que foram submetidos mais tarde, os envolvidos alegaram o *stress* do combate, que eles apenas respondiam a atos idênticos dos inimigos, reais ou imaginários etc. Mas uma das suas defesas mais fortes foi a de que tinham entendido, após ouvirem os discursos ultra-agressivos de Patton, que era não apenas direito como dever deles agir dessa forma contra os prisioneiros e os civis.

Patton, na verdade, não deu uma ordem direta para o assassinato de prisioneiros de guerra ou de civis e, ao tomar conhecimento dos fatos, agiu com rigor para impor a disciplina entre suas tropas e punir os envolvidos. Mas realmente seus discursos eram sempre recheados de expressões como "massacrar o inimigo", "estuprar suas mulheres", "arrasar cidades", entre outras, e alusões ao fato de que prisioneiros de guerra deviam ser executados, já que eram covardes. Ele também indicava, em suas falas, que os civis locais eram estúpidos, pois insistiam em ficar próximos ao lugar dos combates e que, se necessário, eles podiam e deviam ser mortos para liberar o terreno e não atrapalhar as operações.

Nem Eisenhower nem o alto-comando militar foram informados desses assassinatos covardes, o que, provavelmente, salvou a carreira de Patton e de outros oficiais mais diretamente envolvidos, como o general Lucian Truscott, comandante de uma das divisões infratoras, ou o coronel Don Carleton, que

66 PATTON

transmitiu via rádio a mensagem que podia ser interpretada como uma ordem para massacrar civis. Mas são uma mancha na biografia do general Patton e um sinal de como a sua maneira de ver a guerra incluía uma crueldade que podia se aproximar, ainda que não fosse equivalente, da dos seus inimigos nazistas.

O que ajudou Patton foi que os massacres não ganharam os holofotes na época e que, no caso dos incidentes de agressão aos soldados, a proteção de Eisenhower permitiu que eles fossem relativizados. Ele protegeu George Patton não apenas pela velha amizade, mas porque sabia que um general como ele seria necessário, e quase indispensável, nas lutas que estavam por vir e que, no caso de se estabelecer uma corte marcial, de acordo com a lei, Patton provavelmente seria enviado de volta para os Estados Unidos e cairia em desgraça. Para evitar isso, Eisenhower conseguiu impedir que o caso dos maus-tratos aos soldados chegasse às cortes militares e obrigou Patton a se retratar. Exigiu também que ele parasse de se comportar daquela forma. Isso tudo foi uma demonstração evidente de que a impulsividade de Patton, aliada a seu gênio militar, conseguiu alavancar sua carreira, mas também guardava um grande potencial de arruiná-la.

Como um dos oficiais generais mais antigos e com experiência de combate comprovada, Patton acreditava que poderia se tornar o comandante do 1º Exército dos Estados Unidos, então em formação no Reino Unido. Desde 1942, um fluxo contínuo de homens e material havia se dirigido dos Estados Unidos para a Inglaterra e, em 1944, muitas divisões americanas treinavam para a invasão da França. O 1º Exército seria a mais importante peça da máquina militar que os Estados Unidos preparavam para a invasão da Europa, e comandá-lo era o sonho de todos os generais. O escolhido, contudo, foi o general Omar Bradley, que Patton havia conhecido no Havaí e que, naquele momento, era seu subordinado, comandando um corpo no 7º Exército.

Bradley receberia uma promoção rápida e, de comandado, passaria a ser comandante de Patton, o que deixou Patton mortificado. Ele já havia perdido o comando do 5º Exército para Mark Clark e, mesmo sendo cinco anos mais velho e tendo mais experiência em combate que Eisenhower, foi preterido em favor deste na escolha do comandante em chefe das forças do teatro europeu.

Estava claro, nesse contexto, que Patton era um comandante de Exército insubstituível, mas que exercer o alto-comando exigia dotes de diplomacia, tato e negociação que ele não tinha. A maioria dos colegas e superiores a ele, na verdade, acabava por concordar na avaliação de sua personalidade e de seus dotes: um excepcionalmente agressivo comandante de tropas e cujo prestígio como tal era merecido, mas um causador de problemas que tinha que ser monitorado continuamente.

O final de 1944, de qualquer forma, viu Patton limitado à condição de comandante de um Exército reduzido ao osso (tendo fornecido as tropas para formar o 5º Exército) e sem objetivos significativos. Em seu quartel-general em Palermo, sem muito a fazer, Patton gastou seu tempo em leituras, na escrita dos seus diários e anotações (em que deixou claro o seu desprezo pelos italianos e, especialmente, pelos sicilianos) e inspeções às suas tropas. Também visitou, a pedido, os novos campos de batalha, na Itália continental, onde os Aliados tinham desembarcado em setembro.

Patton participou da campanha na Itália continental, mas apenas com sua fama. Em novembro, Eisenhower aprovou um plano fictício de desembarque de 11 divisões nas costas ocidental e oriental da Itália para cortar a península em duas e isolar os soldados alemães que combatiam os soldados de Mark Clark e Montgomery, ao sul. Para dar credibilidade ao plano, o comando desse Exército não existente foi dado a Patton. Então, ele e seus oficiais de estado-maior trabalharam com afinco para que tudo parecesse real, o que fez os alemães reterem forças no norte da Itália para lidar com a possível invasão.

De fato, a fama de Patton era relevante. Outra prova disso é o caso de Anzio. Procurando romper as defesas alemãs ao sul de Roma, um corpo do Exército dos Estados Unidos, sob o comando do general Lucas, desembarcou perto dessa cidade no início de 1944. Agindo com cautela excessiva, as forças americanas permitiram aos alemães obter reforços e bloquear os invasores nas praias, causando grandes baixas a eles. A situação ficou tão caótica que se pensou que apenas Patton seria capaz de resolvê-la, ocupando a posição de comando que era de Lucas. Ao final, decidiu-se que Patton era valioso demais na Inglaterra para ser dispensado em favor da guerra na Itália, mas o fato de ter sido cogitado como o salvador de soldados americanos era um sinal do seu prestígio como comandante.

Como foi dito, o prestígio de Patton na Inglaterra o fez ser transferido para este país em fins de janeiro. Sua missão era comandar o 3º Exército dos Estados Unidos, o qual seria empenhado na França assim que as forças de invasão, comandadas por Bradley e Montgomery, tivessem estabelecido uma cabeça de ponte e consolidado a primeira fase da conquista. Contudo, enquanto suas tropas treinavam e esperavam o momento de entrar em combate, a sua colaboração para a invasão era outra, assustar os alemães e impedi-los de saber com certeza as reais intenções dos Aliados.

PATTON E A PREPARAÇÃO DE OVERLORD

Era impossível, para os Aliados, esconderem dos alemães que uma invasão estava para acontecer e que ela se daria na costa norte da França. Mas conseguir deixar obscuros a data exata da invasão e seu lugar preciso seria de imensa utilidade; assim, os Aliados gastaram muito tempo e energia procurando esconder dos nazistas seus verdadeiros planos.

A rota mais simples para uma invasão seria por Dover e pelo Pas de Calais, ponto mais estreito do canal que separa a Inglaterra da França. Muitos militares, Patton entre eles, advogavam que o melhor a fazer era atacar justamente nesse ponto, e o alto-comando alemão também apostava nisso, concentrando ali suas melhores tropas. Os Aliados, contudo, haviam decidido pelo ataque indireto, pela Normandia, e era fundamental impedir que os alemães soubessem da estratégia e transferissem suas tropas para lá. Para tanto, entre outras iniciativas, foi lançada a operação Fortitude South, para a qual a habilidade quase teatral de Patton e sua fama entre os alemães seriam de imensa utilidade.

Na verdade, naquele momento, Patton não gozava de tanta consideração entre o alto-comando alemão. Afinal, ele havia liderado tropas, até então, apenas em cenários secundários como a África e a Sicília e derrotado especialmente os italianos. Mas a imprensa americana já endeusava militarmente Patton a tal ponto que os alemães foram levados a crer que qualquer invasão pelo Pas de Calais seria liderada por ele, o que, não há dúvida, ajudou o esforço de desinformação.

Segundo esse esforço, foi criado, no papel, um Grupo de Exércitos com cerca de um milhão de homens, sob o comando do general Patton. Essa força deveria desembarcar em Pas de Calais logo após as operações na Normandia, as quais seriam apenas um chamariz, e marchar diretamente para a Alemanha. Para apoiar a farsa, os britânicos, especialmente, trabalharam com afinco, criando tanques, caminhões, canhões e outros equipamentos em madeira e borracha. Quartéis e docas foram montados e visitas oficiais, do rei da Inglaterra e de Eisenhower, foram orquestradas para convencer os alemães de que a ameaça era séria.

Desembarque aliado na Normandia. Para decepção de Patton, ele não participou da operação Overlord.

O estado-maior de Patton também emitiu mensagens e criou estratagemas para manter a ilusão. O general, em particular, foi especialmente dedicado à sua missão. O artifício deu certo e foi de grande utilidade para os Aliados. Quando do desembarque na Normandia, apenas 10 divisões alemãs estavam no local, frente a 19 no Pas de Calais.

Patton também procurou fazer, do seu verdadeiro Exército, o 3º, o "seu" Exército, a ser criado e treinado segundo as suas estritas normas de disciplina, vestuário etc. com oficiais que tivessem assimilado sua visão de liderança e espírito ofensivo. Ele também procurou se preparar adequadamente para a tarefa que se avizinhava, estudando com afinco tudo o que pudesse apoiá-lo na sua nova missão na França, como, por exemplo, as obras históricas de outros generais que ali haviam combatido, e procurando suprir lacunas na sua formação, como entender com mais cuidado o uso do poder aéreo.

Nas campanhas da África e da Sicília, vários oficiais já haviam notado a dificuldade das forças de terra e ar do Exército em cooperarem entre si. A partir de 1944, contudo, foram nomeados, para o comando das forças aéreas táticas (o 9º e o 19º Tactical Air Command) que apoiariam as forças de terra americanas na França, dois imaginativos generais, Elwood Quesada e Otto P. Weyland, que fizeram um ótimo trabalho para aproximar os aviadores dos homens em terra e refinar as doutrinas de apoio aéreo aproximado.

Patton desenvolveu um ótimo relacionamento com Weyland e este o instruiu nos segredos da arma aérea e nas suas especificidades. Um aprendizado e um contato que se revelaram fundamentais nos meses a seguir, quando os aviões do 19º Tactical Air Command salvaram, muitas vezes, os homens do 3º Exército de situações difíceis.

Ao mesmo tempo, o general Patton pareceu vacilar novamente dentro do debate sobre os tanques e seu valor na guerra. Apesar de todos os acontecimentos desde 1939 mostrando a importância da guerra de movimento, muitos altos oficiais americanos e britânicos estavam convencidos de que campanhas como as que os alemães haviam feito na França em 1940 não eram mais possíveis e defendiam que os tanques deveriam voltar ao seu papel de apoio à infantaria. Patton não estava totalmente certo disso, mas seu desejo em agradar e salvar sua carreira (ameaçada pelos episódios na Sicília) o fez vacilar e defender, mesmo que em conversas privadas, ideias que podiam significar um retrocesso, como: a necessidade de a infantaria ser apoiada pelos tanques (e não o oposto), o valor da cavalaria tradicional etc. Uma de suas principais qualidades, contudo, era a adaptabilidade e, logo depois, nas batalhas em solo francês, ele voltou ao seu papel de defensor incondicional da guerra de movimento.

Contudo, mesmo na função de comandar o 3º Exército, preparar-se para o combate futuro e ser chamariz para os alemães, Patton continuou a ser o mesmo de sempre em seus discursos emotivos e violentos às tropas, no temor de não conseguir entrar em combate antes do fim da guerra (como quando soube da tentativa de assassinato de Hitler por militares alemães em 20 de julho) e ao entrar em novas polêmicas. Em 25 de abril de 1944, por exemplo, fez um discurso afirmando que os americanos e os britânicos iriam inevitavelmente reinar sobre o mundo dali para frente. Suas palavras foram publicadas nos jornais americanos e causaram nova tempestade política em Washington, pois excluíam os aliados russos e pareciam significar uma interferência militar em assuntos políticos. Novamente protegido por Eisenhower, ele se safou de uma punição maior, mas por pouco.

De qualquer modo, enquanto a luta nas praias da Normandia começava, em 6 de junho, Patton era obrigado a continuar na Inglaterra para fazer com que os alemães mantivessem tropas no Pas de Calais. Apenas em julho, quando os alemães começaram a transferir unidades para a Normandia, ele foi autorizado a seguir para a França, para uma visita de inspeção. Lá, acompanhou os esforços do 1º Exército para escapar da armadilha dos *bocage* (tipo de vegetação que era um formidável obstáculo para o avanço dos tanques e da infantaria) e romper a linha de defesa alemã.

Lançada em 25 de julho, a operação Cobra começou com maciços ataques aéreos, que jogaram sete mil toneladas de bombas nas unidades alemãs e o avanço de várias divisões num fronte restrito. Os alemães cederam terreno, mas pouco. Não era o que Bradley e o comando do 1º Exército esperavam, mas a operação, para Patton, que não participou da sua execução, foi fundamental. Havia agora condições práticas, como terreno favorável a que as divisões se posicionassem, para que seu 3º Exército fosse finalmente ativado e transferido para a França.

Bradley, nesse momento, foi elevado ao comando do 12º Grupo de Exércitos, que tinha sob sua jurisdição os 1º (Hodges), 9º (Simpson) e 3º (Patton) Exércitos dos EUA. Patton agora era um subordinado de Bradley, o que não lhe pareceu muito agradável, mas, a partir de 1º de agosto de 1944, data oficial do início do seu comando, podia finalmente fazer o que melhor sabia, ou seja, comandar tropas em batalha.

A Segunda Guerra Mundial: França, Alemanha e as Ardenas

UM GOLPE DE MESTRE: O NORTE DA FRANÇA E O AVANÇO PARA A ALEMANHA

Logo ao assumir o comando do seu Exército, Patton demonstrou que uma velha frase de Napoleão, que dizia preferir os generais com sorte aos habilidosos, era verdadeira. Em primeiro lugar, ele teve a sorte de ter seu Exército ativado exatamente no momento em que, após dois meses de luta, os Aliados estavam saindo das cabeças de ponte e surgia a oportunidade de uma guerra de movimento. Depois, os alemães deram a ele a chance de agir agressiva e decididamente, como ele preferia, e criaram uma verdadeira armadilha para si próprios.

No início de agosto, as tropas do 3º Exército estavam avançando para oeste, na península da Bretanha, e dependiam, para abastecimento, reforços e comunicação com o resto do Exército, de uma estreita faixa de terra próxima à cidade de Avranches. Hitler, ao examinar a situação, ordenou que a Wehrmacht (denominação do conjunto das Forças Armadas alemãs na Segunda Guerra Mundial) preparasse um contra-ataque exatamente ali. Várias divisões blindadas deviam ser lançadas naquele corredor e atingir o mar, cortando a ligação do 3º Exército com o resto da força invasora.

A informação sobre esse ataque chegou ao conhecimento de Patton graças ao sistema "Ultra", ou seja, a decifração dos códigos secretos alemães pelos Aliados, o qual provia aos seus comandantes, como Patton, a vantagem inestimável de saber de antemão muitos dos movimentos do inimigo. Respondendo a ela, o general reforçou o 7º Corpo do general Collins, que guardava a área de Avranches. Logo ficou claro que a combinação do 7º Corpo e do poder aéreo era mais do que suficiente para bloquear os exaustos alemães.

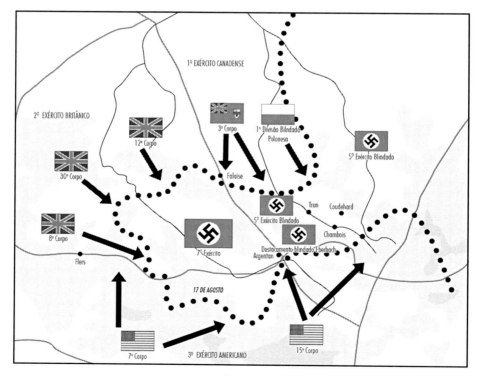

O bolsão de Falaise e o envolvimento do 7º Exército alemão.

A Segunda Guerra Mundial: França, Alemanha e as Ardenas   75

Um general menos audacioso poderia ter ficado satisfeito e continuado a conquista da Bretanha, sem maiores sobressaltos. Patton, contudo, pensava diferente e propôs aproveitar essa oportunidade para agir de forma ofensiva. Com os alemães bloqueados pelas forças de Collins a oeste e os britânicos e canadenses avançando do norte, havia uma chance única de cercar e aniquilar aquelas divisões alemãs, desde que fosse encontrado um jeito de bloqueá-los também pelo sul. O comando americano, Bradley à frente, concordou com essa hipótese e autorizou Patton a transferir boa parte de suas tropas para um movimento do oeste para leste e do sul para o norte. Patton ainda insistiu para que o envolvimento fosse mais amplo, atingindo até Paris, mas Bradley, mais cauteloso, defendeu que as forças do 3º Exército deveriam se encontrar com os britânicos nas proximidades da cidade de Falaise.

A manobra foi espetacularmente executada, com as divisões blindadas se movendo à noite para fugirem da vigilância alemã. Os corpos de Exército estavam separados por longas distâncias, o que deixava os flancos e as linhas de suprimento expostas, mas Patton e seus comandados avaliaram que os alemães estavam enfraquecidos demais para ser uma ameaça e que os aviões do 19º Tactical Air Command de Weyland eram mais do que suficientes para eliminar os riscos.

A manobra trouxe os soldados de Patton, em 13 de agosto, a algumas dezenas de quilômetros dos canadenses que vinham do norte. Cerca de cem mil soldados alemães estavam presos dentro do bolsão então criado e as possibilidades de aprisionar a maioria deles era real.

Bradley, contudo, relutava em fechar o bolsão, pois esse movimento iria tornar o fronte americano ainda mais fluido e os riscos aumentariam. Ele ordenou, então, que as tropas de Patton mantivessem posição, o que permitiu que grande número de alemães escapasse. A artilharia e a força aérea dos Aliados foram usadas com vigor e mais de dez mil alemães morreram e cinquenta mil foram capturados; mas por volta de quarenta mil conseguiam fugir para lutar outro dia. Nesse caso, Patton tinha razão e uma ação mais agressiva teria, provavelmente, dado aos Aliados uma vitória mais completa.

O avanço de mais de 200 km pelo interior da França em 11 dias tornou Patton um super-herói para a imprensa dos Estados Unidos, e histórias sobre ele encheram as páginas dos jornais. Ele colaborava para essa atenção com atos espetaculares e ressaltando sua agressividade, mas a maioria das narrativas fantásticas eram, seguramente, inventadas.

Uma de suas ações naquele momento, contudo, não foi mera propaganda e indica muito bem quem era Patton: ele enviou o 761º Batalhão de tanques, formado por soldados negros, ao combate, dizendo que pouco se importava com a cor dos soldados, desde que matassem alemães. Uma atitude repetida por outros generais americanos na guerra, mas que não deixa de ser espantosa quando lembramos que Patton sempre havia manifestado a opinião de que os negros eram inferiores e inadequados para o combate.

Essa opinião, na verdade, era muito forte nas forças armadas dos EUA e os soldados negros, no Exército, eram comumente destinados a serviços de retaguarda ou apoio. Quando em unidades de combate, eram segregados em divisões separadas, sob o comando de oficiais brancos. Os fuzileiros navais não os aceitavam e a Marinha só os admitia em funções de apoio.

Patton, de fato, nunca superou a sua desconfiança da habilidade dos negros e chegou a escrever que eles não pensavam rápido o suficiente para a guerra de movimento. Mas a sua necessidade de tropas naquele momento era tamanha que não hesitou em usá-los. Nas Ardenas, logo a seguir, chegou a colocar soldados negros dessa e de outras unidades para vigiar pontos vitais, ordenando que atirassem em qualquer soldado branco que parecesse suspeito, pois poderia tratar-se de um alemão disfarçado. Um fato simples, mas que deixa claro que Patton não se importava com muita coisa, nem seus próprios preconceitos, frente ao desejo de vencer o inimigo.

De qualquer forma, o general realizava feitos concretos. Em fins de agosto, suas forças continuavam avançando rapidamente e, apenas no dia 21, percorreram quase 100 km, aproximando-se de Paris. Em parte, essa rapidez era devida ao fato de os alemães estarem em retirada e tão enfraquecidos que não tinham com o que lutar. Mas também refletia a concepção de Patton de ataque contínuo, que permitia a seus homens ignorar a oposição quando ela surgia, flanqueando-a, e tomar as tão necessárias pontes antes que os alemães pudessem destruí-las.

A partir daí, Patton desejava continuar a avançar para leste, a toda velocidade possível, mas uma grande discussão já acontecia, nos altos escalões, sobre a estratégia a seguir. Eisenhower havia, de início, imaginado um avanço duplo, com o 21º Grupo de Exércitos de Montgomery e o 12º Grupo de Exércitos de Bradley progredindo de forma simultânea, com os britânicos e canadenses ao norte e os americanos ao centro, enquanto o 6º Grupo de Exércitos de Jacob Devers, com um Exército americano e um francês, ao sul, protegeria o flanco.

Montgomery, contudo, surgiu logo com a ideia de concentrar todos os recursos logísticos no seu grupo de Exércitos, além de aumentá-lo com parte dos Exércitos de Bradley. Com essa força, ele avançaria pelo norte da França, Bélgica, Holanda, conquistaria o coração industrial da Alemanha, o Ruhr, e marcharia para Berlim. Nesse plano, a única função do 12º Grupo de Exércitos seria a de proteger o flanco de Montgomery, como havia sido na Sicília.

A maioria dos altos oficiais americanos se enfureceu com o plano que os colocava em posição subordinada na ofensiva contra a Alemanha, e num momento em que a contribuição dos Estados Unidos à guerra se tornava cada vez maior frente à britânica. Patton, por sua vez, concordava com a ideia de priorizar um eixo de ataque, mas, claro, acreditava que seria o seu Exército que deveria ter essa "honra". Eisenhower, contudo, se manteve fiel ao seu plano original de ataque em uma frente ampla, dando certa prioridade às forças de Montgomery, mas não reduzindo as de Bradley a uma postura defensiva.

Ao gerir o relacionamento anglo-americano, na verdade, Eisenhower demonstrou seus dotes de diplomata e contemporizador. Os britânicos, exaustos por cinco anos de guerra e claramente em posição inferior ao crescente poder americano, eram muito sensíveis a demonstrações evidentes desse fato e queriam, dentro do possível, utilizar a força americana para seus próprios fins. Sem esquecer-se dos interesses do seu país, Eisenhower foi hábil em ceder quando necessário, em nome da aliança. Se Patton ou Bradley estivessem no seu posto, talvez as relações entre os comandantes aliados tivessem se degenerado, com vantagem para os alemães.

Nesse contexto, Patton foi um dos que mais protestou contra a proposta britânica e foi, por fim, autorizado a avançar também na sua frente. Seguindo para o leste, o 3º Exército conseguiu atingir a importante cidade de Reims e a floresta de Argonne, onde os americanos haviam lutado em 1918. Em fins de agosto e no início de setembro, eles conseguiram cruzar o rio Meuse, tomar conta de vários aeroportos da Luftwaffe (dos quais a Força Aérea do Exército dos Estados Unidos fez excelente uso, permitindo um apoio aéreo ainda mais cerrado sobre as tropas) e entrar na cidade de Verdun.

A ação do 3º Exército foi frutífera, mas seu avanço poderia ter sido mais rápido ou decisivo. Ele foi, no entanto, bloqueado por um problema fundamental em qualquer operação militar, a logística, ou seja, fazer chegar aos homens na linha de frente tudo o que eles precisavam para continuar a combater.

Se esse é um problema para qualquer Exército, era ainda mais para os americanos que faziam, como veremos mais a frente, uma "guerra de material", enfatizando poder de fogo e de movimento para superar o inimigo. Enquanto no Exército alemão havia um não combatente para cada soldado na linha de frente, no dos Estados Unidos, eram dois a apoiar apenas um. Sem fornecimento maciço de munição, alimentos e suprimentos de todos os tipos, as forças americanas não sabiam como lutar. A maior carência, contudo, era o combustível.

Para um Exército completamente motorizado como o dos Estados Unidos e que enfatizava o movimento acima de tudo, gasolina era realmente o seu sangue vital e cada Exército americano consumia 400 mil galões de combustível por dia. Uma única divisão blindada, com seus 4.200 veículos, precisava de 1,35 milhão de litros de gasolina por dia apenas para se mover e ainda mais para combater.

O grande dilema era que a gasolina para os tanques e caminhões, estocada em abundância na Inglaterra e transferida ao continente por um oleoduto, não podia ser enviada facilmente da costa francesa para a linha de batalha, a 450 km de distância, já que não havia ferrovias operacionais. A única saída era embarcar o combustível em caminhões e levá-lo, dessa forma, à frente de batalha, o que não era muito eficiente e, por si só, consumia centenas de milhares de galões de gasolina por dia.

Para piorar a situação, havia a necessidade de enviar suprimentos para alimentar os civis da recém-liberada Paris. Por fim, os serviços logísticos do Exército americano (e as próprias tropas americanas) caracterizavam-se por desperdícios constantes, e boa parte do combustível, munição e outros suprimentos disponíveis eram canalizados, prioritariamente, para Montgomery.

Já no fim de agosto, os tanques e veículos de Patton começaram a parar por falta de combustível, o que o deixou furioso com a logística do Exército, com Eisenhower e, especialmente, com os britânicos. Para ele, era a hora de aproveitar a exaustão alemã e avançar e não esperar até que os inimigos se recuperassem. Seus soldados procuraram métodos "criativos" para suprir a falta de gasolina, como desviar remessas do 1º Exército, mas a questão se tornou crítica e só podia ser resolvida ou com um aumento dos suprimentos disponíveis ou pela suspensão da prioridade dada a Montgomery.

Numa conferência em 2 de setembro, Patton pressionou por essa suspensão, mas Eisenhower insistiu que os britânicos deveriam ter a prioridade dos recursos até que o litoral fosse ocupado e outros centros de abastecimento formados. O general ficou ainda mais furioso, mas teve que aceitar o comando de Eisenhower, que insistia em contemporizar os britânicos e acreditava que a conquista de novos portos no litoral francês e belga era primordial.

A partir daí, surgiu a teoria de que Patton poderia ter terminado a guerra naquele momento, se não tivesse sido detido pela falta de combustível, por Eisenhower e pelos britânicos. A ideia é questionável, pois não apenas seu Exército estava espalhado por uma larga área (o que dificultava a continuidade do ataque), como a questão dos suprimentos era realmente séria. E os alemães, apesar de muito enfraquecidos, estavam se recuperando e formando defesas na região do rio Mosella, o que indicava que um ataque a eles não seria um mero passeio. Provavelmente, um avanço sem tréguas como desejado por Patton poderia ter sido mais desvantajoso do que valioso para os Aliados e, portanto, Eisenhower teve razão em contê-lo, mas, claro, nunca saberemos ao certo.

De qualquer modo, a crise do combustível foi terminando no decorrer de setembro. Montgomery continuava a ter prioridade nos suprimentos para a sua campanha na Bélgica e na Holanda. Não obstante, a melhora da situação logística permitiu que os tanques e caminhões do 3º Exército tivessem o combustível necessário para sua marcha na região da Lorena, na direção das cidades de Metz, Nancy e do rio Mosella e que os americanos continuassem a fazer a "guerra da abundância" a que estavam acostumados.

Patton acreditava que seria simples ocupar esses objetivos e entrar de vez na Alemanha. Estranhamente para um estudioso de História Militar, contudo, ele esqueceu que Metz era uma das cidades mais bem fortificadas da Europa. Desde o século XV, camadas e camadas de fortificações tinham sido erigidas, o que fazia do local um pesadelo para qualquer conquistador.

No seu avanço para a cidade, Patton demonstrou que, ao mesmo tempo em que era um mestre na guerra do movimento, entendia pouco da luta nas cidades e da superação de fortificações. Ele e o comandante do 20º Corpo, Walton Walker, simplesmente enviaram divisão após divisão de infantaria para conquistar a cidade e também forças blindadas foram mobilizadas para apoiar a infantaria, em assaltos frontais que não aproveitavam a capacidade de movimento dos tanques. Contudo, mesmo mobilizando muitos homens, a cidade só caiu em 22 de novembro, com enormes baixas entre os americanos.

Nos anos a seguir, muitos autores e militares discutiram as razões que levaram Patton a atacar Metz e não, simplesmente, desviar-se dela e avançar para a Alemanha. A pouca familiaridade do general com a superação de fortificações é sempre recordada, mas alguns também lembram a sua busca por projeção que o fazia cego às perdas de vidas entre os seus soldados. Metz era um prêmio ambicionado por gerações de generais em guerra e ele queria ser o primeiro general americano a conquistá-la, custasse o que custasse. Muitos jovens soldados morreram para que ele conseguisse esse lugar na História.

Na verdade, boa parte do esforço de Patton para avançar sem parar e conquistar alvos de impacto reflete, além da sua busca por derrotar o inimigo rapidamente sem medir os custos humanos, um imenso esforço para recuperar um protagonismo que lhe havia sido negado. Ele comandava um Exército em posição geográfica inferior, longe dos centros de poder alemão e a maior parte das vitórias essenciais dos americanos ocorreram no setor do 1º Exército. Se não fosse pelos problemas na Sicília e por suas falhas políticas, ele talvez tivesse sido

80 PATTON

colocado no comando do 1º Exército ou do 12º Grupo de Exércitos, dado novo impulso à campanha e atraído todos os holofotes para si. Como isso não se deu, ele fez o que pôde para recuperar o foco de luz perdido.

De qualquer modo, ainda em novembro, o Estado-Maior aliado planejava uma ofensiva geral contra a Alemanha. Nesta, o 3º Exército, que agora tinha mais de duzentos mil homens, pretendia, após se livrar do problema de Metz, avançar na direção do rio Sarre. O apoio aéreo seria maciço e considerava-se que os alemães, praticamente derrotados, não ofereceriam grande resistência. O único problema, como acontece em qualquer plano, era "avisar" ao inimigo que ele deveria se comportar como previsto. E os alemães não o fizeram, continuaram lutando com a mesma obstinação e eficiência de sempre e, para completar, lançaram uma contraofensiva aos americanos. A Batalha das Ardenas se iniciava.

AS ARDENAS: UM MILAGRE TÁTICO

A decisão de Hitler de lançar um contra-ataque às forças aliadas na região das Ardenas em fins de 1944 pode ser considerada, num certo sentido, um suicídio. Uma quantia incalculável de homens, tanques e canhões do Exército soviético estava se concentrando na Polônia prontos para invadir os Bálcãs e o próprio território alemão e, pela lógica, o melhor uso dos soldados e equipamentos que os alemães haviam conseguido reunir nos últimos meses (aproveitando-se da pausa nos avanços dos Aliados nas duas frentes) seria o reforço dos exércitos que se opunham aos soldados de Stalin.

Hitler, contudo, tinha um pensamento diferente e optou por um ataque na Frente Ocidental, com objetivos eminentemente políticos. Um golpe blindado seria desferido pelos 5º Exército Panzer, pelo 6º Exército Panzer da SS e pelo 7º Exército, num total de 200 mil soldados na região das Ardenas, em dezembro, aproveitando-se do fato de que os Aliados consideravam um ataque blindado ali pouco provável (por conta dos bosques da região e do inverno). A intenção era negar aos Aliados a supremacia aérea e garantir a surpresa. A confiança dos americanos e britânicos de que a Alemanha estava derrotada só facilitaria a tarefa. Penetrando pela Bélgica e Luxemburgo, a força blindada conquistaria o fundamental porto de Antuérpia e separaria os dois grupos de Exército principais dos Aliados. Chocados e desorientados com o poderio alemão, eles poderiam ser forçados a pedir um armistício, o que permitiria ao Terceiro Reich concentrar todas as suas forças, a partir de então, contra a União Soviética.

A Segunda Guerra Mundial: França, Alemanha e as Ardenas 81

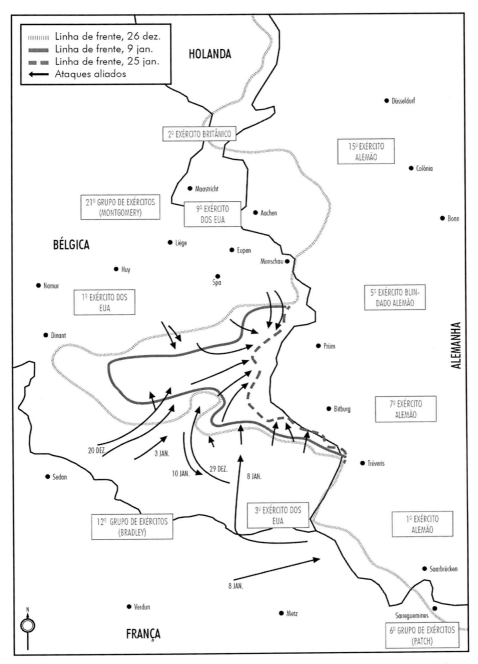

Eliminando o saliente alemão nas Ardenas.

Politicamente, essas esperanças de Hitler eram pouco reais. Militarmente, ainda menos, como sabiam seus generais. Entretanto, os americanos, num excesso de confiança, haviam deixado nas Ardenas apenas algumas divisões de infantaria e uma blindada com oitenta mil soldados pouco experientes e derrotá-las não seria difícil para a força de ataque alemã. Por outro lado, o alto-comando da Wehrmacht sabia que não haveria reservas para sustentar o ataque e nem combustível para mover as colunas para além de certo ponto. Ainda, os recursos aliados eram tão gigantescos que era pouco provável que a ofensiva alemã pudesse desestabilizá-los. Portanto, para o comando alemão, esse ataque serviria apenas para desperdiçar os poucos recursos remanescentes alemães num momento em que os russos estavam às portas de Berlim, no que estavam corretos.

Hitler, contudo, não permitiu discussões e a ofensiva tal qual ele queria começou em 16 de dezembro. As forças do 1º Exército foram pegas de surpresa e, apesar de resistências ocasionais e erros e deficiências por parte dos atacantes, foram derrotadas. Os Exércitos nazistas capturaram dezenas de milhares de prisioneiros e destruíram centenas de tanques e veículos. As colunas alemãs penetraram rapidamente e, em alguns dias, haviam quase atingido Dinant, no interior belga. Apenas em Bastogne, centro fundamental de comunicações, soldados americanos resistiram teimosamente ao inimigo.

Num primeiro momento, o comando do 1º Exército, de Hodges, ficou paralisado pela ofensiva alemã, mas logo os altos oficiais começaram a reagir. Eisenhower ordenou imediatamente que as forças dos outros Exércitos começassem a se reposicionar para dar conta da ameaça e entregou a chefia de todas as forças ao norte do saliente formado pelo avanço alemão a Montgomery, para facilitar a recomposição da cadeia de comando.

Patton, ao saber da gravidade da penetração alemã, imediatamente perguntou a Bradley o que poderia fazer para colaborar e começou a reposicionar algumas divisões. Mas o seu Exército estava posicionado para atacar para o leste, na direção da fronteira alemã e da sua principal defesa, a Linha Siegfried. Todas as linhas de comunicação e suprimentos haviam sido colocadas de forma a dar apoio a unidades que seguiriam para o leste e muitos consideravam impossível movimentar mais do que algumas poucas divisões para o norte, de forma a enfrentar o ataque alemão.

Patton e seus oficiais discordavam e elaboraram um plano para fazer o grosso do 3º Exército, com seus três corpos e nove divisões, girar noventa graus e atacar os alemães na base do saliente que estes tinham formado ao avançar. Era uma tarefa gigantesca simplesmente mover essa enorme força americana de 250 mil homens através das poucas estradas disponíveis e ainda mais em condição de combate.

Soldados americanos em luta na região das Ardenas.

Além disso, era necessário garantir que combustível, munição, peças de reposição, rações e reforços pudessem ser enviados pela mesma linha, o que tornava tudo ainda mais difícil e levava tanto os alemães como a maioria dos generais aliados a não acreditar que fosse possível realizar a tarefa. Montgomery, sempre cauteloso, chegou a sugerir que o 3º Exército só poderia atacar se primeiro fizesse uma retirada geral, abandonando o conquistado nas últimas semanas, para formar reservas, e apenas depois de meticulosa e demorada preparação.

O arrojo de Patton, nesse momento, foi fundamental para dissipar os temores dos outros generais, e seus auxiliares foram pródigos em encontrar meios de resolver as dificuldades. Logo, as divisões começaram a se mexer, num movimento destinado a atacar os alemães pela esquerda e por trás. Ao mesmo tempo, Patton se deslocou para Luxemburgo, onde começou a reagrupar soldados e unidades em fuga em forças-tarefa, utilizando-as para conter os alemães enquanto o 3º Exército se movia. Outra prova da criatividade e da adaptabilidade do general.

Em 23 de dezembro, o tempo abriu e levas de aviões aliados atacaram pontes e tropas alemãs, ao mesmo tempo em que a artilharia aliada recuperava sua velha eficiência, lançando tempestades de fogo sobre os soldados alemães. As colunas alemãs também começaram a perder força pela falta de reforços e suprimentos.

84 PATTON

No dia seguinte, os alemães chegaram ao máximo do seu avanço, cerca de 100 km do seu ponto de partida, mas dali não passaram. No início de janeiro, finalmente, Hitler ordenou a retirada das forças remanescentes.

Nesse momento, o 3º Exército já estava em movimento. Em 26 de dezembro, unidades da 4ª Divisão Blindada, de Patton, conseguiram abrir um corredor e chegar aos assediados homens da 101ª Divisão aerotransportada em Bastogne, o que levou novamente o 3º Exército e seu comandante às manchetes de todos os jornais dos Estados Unidos. Dali, eles foram perseguindo os alemães, que se retiravam para a sua linha de partida.

Patton, na verdade, queria aproveitar a oportunidade para atacar o saliente alemão na base, eliminando todas as forças remanescentes, mas os outros comandantes aliados preferiram a cautela, permitindo aos alemães derrotados a fuga. Patton novamente se queixou que lhe tinha sido negada a chance de uma vitória decisiva sobre o inimigo, mas, na verdade, suas forças também haviam sofrido muito e suas ordens de ataque direto contra os alemães entrincheirados no terreno elevado (pouco criativas taticamente) causaram muitas perdas no seu próprio Exército. Provavelmente, mais uma vez, o alto-comando estava certo em refreá-lo e não acreditar em suas promessas de que tudo podia.

Na campanha das Ardenas, Patton demonstrou seu gênio, mas também sua dificuldade em reconhecer os limites dos outros ou da situação e, igualmente, a sua habilidade em utilizar suas vitórias para adquirir fama e projeção na mídia. Seu Exército havia sido fundamental na luta dos Aliados e ele próprio havia sido essencial para convencer o alto-comando aliado de que o ataque alemão não era uma catástrofe, mas uma oportunidade. Mas, de fato, a despeito da propaganda de Patton e do 3º Exército, foi o 1º Exército que enfrentou o grosso da batalha; a determinação de algumas de suas unidades foi a base para a vitória final americana. Patton conseguiu, contudo, atrair para si todos os holofotes e se apresentar como aquele que havia salvado o Exército dos Estados Unidos de uma grave derrota. O homem que, um ano antes, havia sido execrado pelos jornais americanos como o carrasco que esbofeteara dois pobres soldados era agora o herói libertador de Bastogne e o salvador do 12º Grupo de Exércitos.

PARA A ALEMANHA

Em 16 de janeiro de 1945, as tropas dos 1º e 3º Exércitos se encontraram e os americanos estavam de volta a sua linha de frente original. Agora, os Aliados podiam reiniciar a marcha em direção à Alemanha. Com suas últimas reservas de homens e material destruídas na ofensiva das Ardenas e os soviéticos pressionando com força total no oriente, não havia mais muito com que os alemães pudessem resistir. Seus únicos trunfos eram a tradicional eficiência dos homens e armas germânicos e, acima de tudo, as barreiras dos rios, especialmente o Reno. Outro aliado dos alemães era o clima. Pesadas nevascas e temperaturas abaixo de zero dificultavam não apenas o uso do poder aéreo, como de todos os movimentos, e isso dava uma pausa aos Exércitos de Hitler.

Já no fim do mês, os homens de Patton, junto com o resto do grupo de Exércitos de Bradley, estavam avançando na direção da Alemanha. Mas seu ímpeto foi bloqueado por decisões de alto escalão. O alto-comando aliado continuava a discutir a melhor estratégia para a vitória final e Montgomery, novamente insistindo na sua ideia de concentrar todos os esforços ao norte, havia convencido Eisenhower e os líderes britânicos e americanos a permitir que ele avançasse em direção ao Ruhr, no norte da Alemanha.

Para tanto, não apenas ele manteve a prioridade nos suprimentos, como o comando do 9º Exército dos Estados Unidos. Foi acordado que os 1º e 3º Exércitos ficariam em posição defensiva, podendo avançar se conseguissem, mas sem receber recursos para tanto. Novamente, Patton e Bradley ficaram enfurecidos, ainda mais porque acreditavam que havia poucos alemães para se opor a eles, mas tiveram que aceitar.

Nesse caso, Patton estava certo. Mesmo com forças limitadas, os 1º e 3º Exércitos avançaram sem problemas pela Alemanha e o colapso alemão pode ser medido pelo fato de que cerca de mil homens se rendiam por dia aos soldados do general. Tréveris foi ocupada em 1º de março e as forças de Patton ultrapassaram vários rios sem encontrar forte oposição, atingindo o rio Reno seis dias depois. Juntos, o 1º e o 3º Exércitos eliminaram a presença alemã a oeste deste rio e, no dia 7 de março, uma divisão do 1º Exército encontrou em Remagen uma ponte intacta sobre o rio e puderam ultrapassá-lo.

O alto-comando novamente ponderava que era melhor que as forças de Bradley permanecessem na defensiva, eliminando as últimas forças alemãs a oeste do Reno, mas não indo além. Patton, contudo, insistiu e, assim, conseguiu não apenas autorização para prosseguir, como angariou reforços que elevaram as forças sob o seu comando para 14 divisões, quatro das quais blindadas. Logo, Coblença e outras importantes cidades caíam sob controle americano e os soldados de Patton começaram a atravessar o Reno, em botes, em 22-23 de março, com baixas mínimas, logo estabelecendo uma cabeça de ponte.

Para Patton, esse foi um momento magnífico, pois ele pôde se vangloriar de que, sem o apoio de ataques aéreos, artilharia pesada ou paraquedistas, havia atravessado a última defesa da Alemanha, um pouco a frente de Montgomery e sem todo o aparato que o general britânico tinha exigido. Efetivamente, Montgomery, ao norte, também estava atravessando o Reno, mas apenas após o disparo de dezenas de milhares de projéteis de artilharia, lançamento de para-quedistas e cortinas de fumaça para proteger os botes de assalto.

Os jornais americanos adoraram ver os soldados dos EUA vencerem outra "corrida" contra os britânicos e levaram Patton e o seu 3º Exército às alturas. O general também colaborou bastante para tornar o evento midiático, tornando pública a travessia justamente em tempo para que precedesse o discurso de Churchill que informava sobre a de Montgomery. Para completar, Patton fez seus conhecidos golpes de cena tão a gosto dos jornalistas, como urinar no rio e segurar um pouco de terra da margem direita do Reno, como havia feito Guilherme, o conquistador, ao invadir a Inglaterra na Idade Média.

A partir daí, o 3º Exército praticamente passeou pela Alemanha, defrontan-do-se com resistências apenas simbólicas e desenvolvendo avanços rápidos. As divisões e os batalhões avançavam dezenas de quilômetros ao dia. Várias cidades importantes, como Frankfurt, Mainz ou Darmstadt, caíram sob seu controle e os soldados alemães se entregavam em números crescentes.

Nesse avanço, vários campos de concentração e de prisioneiros foram li-bertados. Patton, horrorizado com o que havia encontrado neles, ordenou que o máximo possível de soldados e civis alemães fosse levado para ver a barbárie cometida nos campos. Ao mesmo tempo em que simpatizava com as vítimas, contudo, há registros de que teria ficado indignado com o fato de os judeus não terem reagido aos massacres, o que parece compatível com o seu jeito de ver o mundo.

Nesse meio tempo, na imprensa americana, continuava a ser retratado como o conquistador da Alemanha. Algo, contudo, quebrou o idílio entre Patton e a imprensa. Sua decisão de enviar uma força-tarefa para libertar o campo de prisioneiros de Hammelburg, onde estava, segundo fontes da inteligência, seu genro Johnny Waters, capturado na Tunísia em 1943, não foi bem-vista pelos jornais americanos. A força-tarefa de 300 homens e 53 veículos conseguiu lá chegar e libertar Waters e outros prisioneiros, mas teve várias baixas e sua incur-são fez com que prisioneiros também fossem mortos ou feridos.

Patton alegou que tomou a decisão de enviar a força-tarefa porque queria libertar todos os americanos prisioneiros em Hammelburg, e não apenas seu genro. Verdade ou não, essa decisão não foi das mais felizes, pois deixou a im-pressão de que ele não se importava com seus homens e que estava disposto

Eisenhower, Bradley, Patton e outros oficiais visitam o recém-liberado campo de concentração de Ohrdruf, Alemanha. Abril de 1945.

a sacrificá-los por questões pessoais. Patton só foi poupado de maiores críticas frente à opinião pública americana porque, naquele momento específico, esta estava completamente focada na morte do presidente Roosevelt, ocorrida em 12 de abril.

De qualquer modo, o avanço do 3º Exército e das outras forças aliadas prosseguia pela Alemanha. Patton já havia sido informado que, pelo acordo estabelecido entre os Estados Unidos, a Grã-Bretanha e a União Soviética, a fronteira entre os ocidentais que vinham do oeste e os soviéticos que chegavam do leste seria o rio Elba. Mesmo assim, ele ordenou a seus corpos e divisões que fossem avançando o máximo possível para leste. No início de abril, eles se aproximavam do rio Elba e penetraram na Tchecoslováquia, mas suas forças foram proibidas de entrar em Praga, que deveria ser deixada para os soviéticos, os quais se converteram, então, no alvo central do ódio do general.

CONTRA A UNIÃO SOVIÉTICA

Patton não ficou satisfeito, mais uma vez, por ver seu Exército retido por decisões políticas. Mas também havia argumentos militares. Eisenhower, por exemplo, não via sentido em procurar avançar para Berlim, já que isso implicaria perdas de vidas e, de qualquer modo, os soviéticos já estavam ocupando a cidade. Patton, por sua vez, defendia não apenas que os americanos conquistassem a capital do Terceiro Reich, como que avançassem ainda mais para o leste, enfrentando os soviéticos se necessário.

As declarações de Patton a esse respeito eram radicais, mas não eram, naquele momento, completamente lunáticas ou absurdas, já que muitos contemporâneos, tanto nazistas como alguns Aliados, consideravam o rompimento entre o Ocidente e a URSS como algo bastante provável.

A aliança entre os Aliados ocidentais e a União Soviética parecia tão artificial para alguns setores do governo nazista que uma das últimas esperanças deste, em 1944-1945, era que explodisse um conflito entre ambos, que poderia permitir ao menos a sobrevivência da Alemanha enquanto Estado. Se nos lembrarmos dos contínuos atritos entre Londres, Paris e Moscou durante a guerra e da eclosão da Guerra Fria entre as superpotências remanescentes, Estados Unidos e União Soviética, logo depois, as esperanças de muitos nazistas não parecem tão absurdas.

Essas esperanças, contudo, nunca se concretizaram, pois tanto os soviéticos como os Aliados ocidentais mantiveram a aliança até o final e as contradições entre eles só vieram à tona depois, quando a Alemanha já estava firmemente derrotada. Os dois lados também desmobilizaram as imensas forças militares alemãs remanescentes rendidas em 1945 e não as preservaram para usá-las contra o outro lado.

Não obstante, é verdade que setores políticos e militares dos governos inglês e americano avaliaram, à medida que a guerra contra a Alemanha se encaminhava para o final, a hipótese de uma guerra preventiva contra a URSS, na qual poderiam ser utilizados os derrotados Exércitos alemães. Tais setores eram claramente uma minoria, tanto que foram ignorados, mas existiram. Até Montgomery, fortemente anticomunista e preocupado com o avanço russo no Leste Europeu, flertou com a ideia de reter os estoques militares alemães para uma futura guerra contra a URSS.

A possibilidade de iniciar um novo conflito nunca se colocou realmente, pois, em termos políticos, seria insustentável declarar guerra a uma União Soviética ainda imensamente poderosa, que havia contribuído decisivamente para a derrota da Alemanha e que, por isso, desfrutava de uma simpatia inédita na opi-

A Segunda Guerra Mundial: França, Alemanha e as Ardenas   89

nião pública ocidental. Além disso, os ingleses estavam completamente exaustos no seu esforço para derrotar a Alemanha e a população americana queria os seus homens de volta em casa assim que a derrota da Alemanha e do Japão se consumasse. Portanto, não apenas Londres e Washington não tinham nenhum interesse substancial em uma guerra imediata com a URSS como, mesmo que tivessem, não encontrariam as condições políticas e econômicas necessárias para tanto. Não espanta, assim, que a corrente em favor de uma guerra preventiva contra a URSS fosse mínima e que sua tese fosse rapidamente ignorada.

Patton, como foi dito, fez parte dessa corrente. Ele sabia que não poderia participar de uma futura guerra em algumas décadas, dada a sua idade, e, como um apaixonado pelo combate, queria continuar a liderar tropas, contra qualquer inimigo disponível. Com a sua desconfiança visceral dos comunistas, seu desprezo pelos russos e a percepção de que eles seriam os únicos rivais de peso capazes de se contrapor aos Estados Unidos, a URSS passou a ser o seu alvo lógico. Dessa forma, ele propôs, em cartas e conversas, que o Exército americano, com ou sem o auxílio dos ingleses ou dos derrotados alemães, avançasse para o leste da Europa. Para ele, já que uma guerra contra Stalin era provável, valeria a pena aproveitar que a América estava mobilizada para atacar de uma vez, o que permitiria libertar a Europa Oriental do domínio russo ou até mesmo avançar para Moscou.

Em todos os sentidos, a avaliação de Patton era irreal e a concretização de seus planos teria sido desastrosa. A URSS não estava numa situação econômica boa, para dizer o mínimo, e a última coisa que desejaria seria continuar em guerra, ainda mais contra os muito mais ricos anglo-saxões. Não obstante, suas forças armadas eram imensamente poderosas. Um ataque americano, mesmo com o apoio do que havia sobrado da Wehrmacht, teria sido custoso e provavelmente malsucedido. Talvez seja um exercício interessante imaginar o 3º Exército de Patton avançando na direção da Polônia ou o ousado general comandando seus tanques em Minsk ou Kiev, mas ele teria enfrentado um inimigo bem mais duro do que os alemães e, talvez, vivenciasse vergonhosas derrotas no campo de batalha.

De qualquer forma, não apenas as propostas de atacar os soviéticos foram consideradas irreais e descartadas pelos políticos e militares com mais poder, como o próprio Patton não se esforçou tanto para defendê-las publicamente. Em cartas ou conversas informais, ele justificou sua proposta e explicou como usaria o seu Exército como ponta de lança para um ataque aos russos, mas não passou disso. Talvez, se as condições políticas e militares lhe fossem mais favoráveis, ele tivesse sido mais incisivo, mas o fato é que elas não eram.

Em meados de abril, Patton foi promovido a general de quatro estrelas. Mesmo assim, seu humor não melhorou. A resistência alemã havia entrado em colapso e agora seu Exército não fazia nada além recolher prisioneiros. Ao mesmo tempo, ele se deu conta de que, ainda que adorasse a ideia, os anglo-americanos não entrariam em guerra com a URSS. Ele não se conformava, contudo, em ficar inativo e começou a pedir a seus amigos em Washington que lhe fosse concedido um comando na guerra, ainda em andamento, contra o Japão.

Porém, seus pedidos foram ignorados. Conforme as respostas dos líderes do Pentágono, Patton era um especialista na guerra blindada e de movimento, e esse tipo de guerra não existia no Pacífico. Lá, de fato, a luta em terra era de soldados de infantaria do Exército e fuzileiros navais conquistando pequenas ilhas, pouco a pouco, frente a um inimigo que se refugiava em cavernas e lutava sem tréguas, raramente se rendendo. Batalhas blindadas e de envolvimento eram quase inexistentes nesse cenário e, assim, para aquele teatro de operações Patton seria mais um problema do que um ganho.

Também relevante era o fato de o comandante desse teatro ser o general Douglas MacArthur. Figura tão egocêntrica e ambiciosa como Patton, ele não viu com bons olhos a ideia de ter um rival disputando os holofotes com ele. Os próprios líderes militares americanos, em Washington, sabiam que não era uma boa ideia colocar dois egos tão imensos para trabalharem juntos.

Em 8 de maio, o alto-comando alemão finalmente assinou a rendição e a guerra terminou na Europa. Patton e o 3º Exército saíram vitoriosos e haviam sido um dos principais instrumentos dos Aliados para derrotar os nazistas.

Resta agora uma avaliação sobre se a atuação de Patton e das suas tropas foi realmente tão excepcional como se imagina e se ela ocorreu graças ao gênio desse ou ao simples desequilíbrio de forças militares entre os Aliados e o Eixo naquele momento.

PATTON E O 3º EXÉRCITO EM BATALHA: UMA AVALIAÇÃO

Ao final da guerra, o 3º Exército era formando por 18 divisões, com 540 mil soldados. Um número comparável ao auge da participação americana no Vietnã mais tarde, à expedição que derrotou Saddam Hussein em 1991 e, sozinho, cerca de três vezes superior a todo o Exército dos EUA de antes da guerra.

O 3º Exército libertou ou capturou vasta área de território sobre controle inimigo na França, Alemanha e outros países e, seguindo as estimativas, talvez exageradas, mas não irreais, do próprio Patton, matou cerca de 140 mil alemães,

Tenente-general George S. Patton, 1945.

feriu outros 380 mil e capturou quase 1 milhão de homens. O custo havia sido comparativamente pequeno, com cerca de 20 mil mortos e 100 mil feridos.

É verdade, como visto, que as ações do 3º Exército, agindo no sul da Alemanha, longe dos centros econômicos e políticos desse país, foram menos decisivas, em termos estratégicos, para a derrota do nazismo. Vale a pena recordar que outros Exércitos aliados também reuniram estatísticas respeitáveis em termos de território conquistado e inimigos derrotados. Não obstante, não há como não definir a trajetória dessa grande unidade como vitoriosa e merecedora dos créditos e louvores a ela atribuídos. Dessa forma, pelos parâmetros tradicionais de avaliação de desempenho militar, podemos dizer que o comando do general George Patton, Jr. foi muito bem-sucedido.

Que a liderança de Patton foi fundamental para esse sucesso também é ponto pacífico. Afinal, ele deu, àquele Exército, uma agressividade e um espírito de corpo invejáveis. Teve também o mérito de identificar e explorar as debilidades dos alemães, enquanto outros comandantes aliados foram muito mais passivos ou pouco propensos a riscos. Erros foram cometidos em vários momentos, mas os acertos foram muito maiores. Não obstante, é importante não esquecer o contexto maior e compreender que um dos motivos que levou Patton a uma série fulgurante de vitórias foi simplesmente o fato de que ele dispunha de recursos infinitamente superiores aos do seu inimigo.

Isso não é necessariamente verdade quando pensamos em termos de qualidade de oficiais ou armamentos. Na média, os oficiais americanos não eram comparáveis aos alemães e, soldado a soldado, os alemães eram muito superiores em termos de iniciativa em combate e apego à disciplina. Algo compreensível, dado que a esmagadora maioria dos soldados e oficiais americanos era formada de jovens recém-recrutados e menos treinados para a guerra, enquanto o Exército alemão contava com uma tradição muito maior de lutas e estava em combate há vários anos.

O mesmo pode ser dito no tocante aos armamentos. Na média, o armamento alemão era melhor e muito mais confiável do que o americano, com algumas exceções. A Panzerfaust alemã, por exemplo, era uma arma antitanque muito melhor do que a bazuca, e as granadas alemãs eram mais confiáveis. Mas os americanos tinham um diferencial importante em número e suprimentos.

Veja-se, por exemplo, a questão dos tanques dentro do Exército dos Estados Unidos. Nos anos 1920 e 1930, as restrições orçamentárias e de doutrina não permitiram a construção de muitos tanques experimentais, de forma a testar novos desenhos e modelos. Alguns saíram dos arsenais entre 1931 e 1937, mas, pouco antes do início da Segunda Guerra Mundial, o Exército dos EUA tinha,

Tanque Sherman, a base das forças blindadas dos EUA durante a guerra.

em dotação, apenas os tanques leves M1 e M2, equipados com metralhadoras ou um canhão também leve, que só serviam para treinamento.

Já em 1940, contudo, a indústria americana foi mobilizada para melhorar essa situação e o resultado foram os tanques leves Stuart (amplamente utilizados na guerra do deserto pelos Exércitos britânico e americano) e os médios Lee e Grant, amplamente utilizados até 1943. A grande arma do arsenal americano, porém, foi o tanque médio Sherman, produzido entre 1942 e 1946. Ele forneceu a base das divisões blindadas do Exército dos EUA na guerra europeia e era bem mais armado e blindado do que seus antecessores, tendo sido construídos mais de quarenta mil tanques, em várias versões.

Mesmo assim, se comparado com tanques soviéticos e, especialmente, com os alemães com os quais se defrontava, o tanque americano era claramente inferior em termos de proteção e potência de fogo. Em contato, por exemplo, com um tanque Tigre alemão, os Sherman eram repetidamente postos fora de combate pelo canhão imensamente mais poderoso e com maior alcance do Tigre e só conseguiam causar-lhe danos em distâncias curtas, o que deixava os tanquistas americanos extremamente receosos. Apenas graças ao apoio aéreo e ao número maior de tanques disponível é que as divisões blindadas americanas superaram as alemãs.

Número e poder de fogo garantido por abundantes suprimentos foram realmente chaves para a vitória dos EUA na Frente Ocidental naquele período. Os americanos, de fato, enfatizaram (como os soviéticos) a quantidade sobre a qualidade como instrumento para vencer a guerra e mobilizaram seus imensos recursos econômicos e humanos para tanto. Claro que foi necessário certo tempo para que eles conseguissem transformar milhões de civis em soldados e mobilizar toda a economia para a produção bélica. Quando isso ocorreu, contudo, as forças à disposição dos generais e almirantes aliados começou a aumentar em tal nível que os exércitos alemães (e japoneses) foram virtualmente afogados pela massa de homens e equipamentos mobilizados por soviéticos e americanos.

Essa esmagadora superioridade humana e material é patente em todas as grandes batalhas na fase final do conflito. Em 1944, por exemplo, as forças anglo-americanas em ação na França contavam com uma superioridade de 20 para 1 em tanques e de 25 para 1 em aviões, além de total domínio no ar e no mar. Os americanos, além disso, confiavam muito na sua artilharia e tinham, aparentemente, um suprimento inesgotável de munição para ela. Graças à produção bélica maior dos Aliados, os exércitos de Hitler estavam em inferioridade numérica e de equipamentos em todas as frentes a partir de 1942, e ainda mais diante dos americanos.

O Exército dos Estados Unidos, especialmente, tinha recursos que deixavam todos os outros Estados admirados. Aviões, tanques, canhões e armas individuais estavam disponíveis em massa e a munição e o combustível para eles era abundante, com exceção de determinados momentos de crise dos transportes. Além disso, tendo produzido 700 mil jipes e 2,4 milhões de caminhões durante o conflito, a indústria dos EUA tinha permitido ao Exército americano ser completamente motorizado, enquanto os Exércitos alemão e soviético ainda tinham que utilizar maciçamente cavalos e até bicicletas para transporte.

Os americanos faziam, assim, a guerra do poder de fogo e do movimento. Para cada combatente na linha de frente, como foi dito, dois homens eram necessários na retaguarda, enquanto a relação, no Exército alemão, era de um para um. Para funcionar, uma unidade americana precisava, em média, de 20 kg de suprimentos/dia por soldado, o que incluía munição, alimentos, combustível

Caça-bombardeiro P-47 americano. Fundamental para dar, aos soldados americanos, apoio aéreo aproximado.

e todo tipo de amenidades, como chocolate, goma de mascar e cigarros em abundância. O Exército britânico se contentava com 9 kg ao dia e o alemão com 2 kg, enquanto o soviético com ainda menos.

As vantagens numéricas também existiam em termos de material humano. Em 1943, os EUA haviam mobilizado cerca de 12 milhões de homens para as forças armadas. O Exército dos EUA, com seus quase 8 milhões de homens em 1943 (dos quais 2 milhões pertenciam à Força Aérea do Exército), era a mais numerosa força militar do país, frente a 3,6 milhões de homens na Marinha, dos quais 500 mil fuzileiros. Um número elevado, mas comparável, em efetivo, aos Exércitos japonês (5,5 milhões em 1945) e alemão (6,3 milhões na mesma data) e também ao imenso Exército soviético, que chegou a doze milhões de homens em 1945.

A grande vantagem dos Estados Unidos é que, enquanto britânicos, alemães e mesmo soviéticos já estavam, em 1944-45, raspando o fundo do barril em busca de recrutas e empenhando tudo o que tinham, eles ainda tinham uma massa de milhões de homens que poderiam, em caso de necessidade, ser recrutados no país. Em 1945, 5,4 milhões de americanos já tinham passado, ou estavam, na Europa Ocidental, mas apenas 135 mil ali morreram ao final do conflito, o que indica que potenciais perdas em combate podiam ser substituídas com mais facilidade do que pelos seus inimigos.

Claro que certas armas-chave, como a infantaria, sofreram continuamente com a falta de efetivos, já que o sistema americano de manter as divisões sempre em linha, alimentando-as com recrutas inexperientes, causava perdas desnecessárias.

Mesmo assim, havia uma abundância, ao menos potencial, de homens que permitia um pouco mais de arrojo e ousadia. Basta recordar, a propósito, que em 15 de dezembro de 1944 as forças de Eisenhower na Europa eram de 3,3 milhões de homens, dos quais quase 2 milhões de americanos, 800 mil britânicos, 300 mil franceses e 100 mil canadenses. Em fins de março de 1945, seu comando abrangia 4 milhões de homens, com 870 mil britânicos e 2,5 milhões de americanos.

Nesse contexto, a derrota e a destruição do Exército de Patton ou do de Hodges seria uma catástrofe, mas haveria como substituí-los e, portanto, mais ousadia era possível. Já a eliminação em combate, por exemplo, dos Exércitos de Montgomery, que utilizavam as últimas reservas de homens do Reino Unido, seria um golpe sem possibilidade de recuperação e havia necessidade, portanto, de mais cautela por parte dos britânicos.

Outra vantagem enorme dos americanos era a supremacia aérea, garantida por um número imensamente superior de aviões e pilotos sobre a Luftwaffe e por melhorias técnicas não apenas nos aviões e equipamentos, como também na doutrina e na comunicação terra-ar. Muitos dos oficiais da Força Aérea americana acreditavam, num primeiro momento, que a sua função central era, além de arrasar as cidades e a economia da Alemanha através de ataques aéreos em profundidade, garantir o controle do espaço aéreo e a destruição das linhas de comunicação e suprimento do inimigo. O apoio aéreo aproximado era visto como função menor, o que havia causado problemas na África e na Sicília.

A partir da invasão da França, a concepção da Força Aérea se alterou e, além das funções anteriores, foi dada nova ênfase ao apoio imediato às tropas. Novos rádios e sistemas de comunicação permitiram aos soldados chamarem por ajuda diretamente aos pilotos e isso fez com que os Aliados utilizassem com muito mais eficiência a sua superioridade aérea. Aviões como os Typhoon britânicos e os P-47 americanos voavam sobre o campo de batalha com foguetes, bombas e metralhadoras, espalhando o terror entre os alemães, matando a muitos e destruindo importantes equipamentos e armas. Desde essa época, a hipótese de fazer a guerra sem o domínio do ar e o apoio aéreo maciço não passou mais pela cabeça dos militares dos Estados Unidos.

Por fim, não se pode esquecer um elemento decisivo, que foi o fato de Patton e os americanos enfrentarem apenas uma parte menor do Exército alemão. Basta lembrar, a propósito, como os soviéticos enfrentavam três quartos das forças de terra alemãs em 1944 e que, dos 13,6 milhões de alemães mortos, feridos ou aprisionados durante a guerra, 10 milhões o foram na Frente Oriental. Vale recordar, igualmente, que entre junho de 1941 e dezembro de 1944, 200 mil soldados alemães morreram combatendo os Aliados ocidentais na Europa e na África, enquanto 2,4 milhões caíam, na mesma época, frente ao Exército Vermelho.

No cômputo geral, entre 1939 e 1945, quase trinta soldados soviéticos morreram para cada americano e inglês e, apenas entre o Dia D e o final da guerra, setecentos mil britânicos e americanos foram mortos, feridos ou aprisionados na Frente Ocidental ao mesmo tempo que 2 milhões de soviéticos na Oriental. Sem a Frente Oriental e os sacrifícios soviéticos, é questionável se os americanos e os britânicos teriam tido chances, em algum momento, de recolocar os pés na Europa continental.

Assim, as vitórias de Patton têm que ser colocadas em perspectiva. Não apenas o grosso das tropas alemãs estava na Frente Oriental, como os Exércitos alemães estavam permanentemente em inferioridade numérica e material e sob ataque aéreo contínuo. Não obstante, as campanhas de Patton na França e Alemanha constituem-se no seu grande momento e demonstram claramente o seu gênio para a guerra. O momento posterior confirmaria, contudo, que esse talento não era equivalente para a política.

Polêmicas, a morte e a memória

Obrigado a permanecer na Europa, Patton aproveitou o tempo para turismo, visitou Londres, Paris e outras cidades e compareceu a cerimônias protocolares, como uma recepção oferecida pelo marechal soviético F. I. Tolbukhin a ele e seus oficiais num palácio austríaco em 14 de maio. Ali, Patton recebeu uma condecoração soviética, a Ordem de Kutusov, e não teve pudores, apesar de sua aversão aos russos, em utilizá-la e exibi-la.

Três dias depois, foi alcançado por ordens inesperadas do Departamento da Guerra, em Washington, de se preparar para retornar aos Estados Unidos para participar, junto com outros generais de alto escalão, de um *tour* propagandístico

Patton em uma parada de boas-vindas.
Los Angeles, 9 de junho de 1945.

pelo país. Em 7 de junho de 1945, Patton e seu velho amigo, o general Doolittle, aterrissaram em Boston, com as boas-vindas de uma multidão calculada em 750 mil pessoas. Dois dias depois, 130 mil ouvintes se acomodaram no Los Angeles Coliseum para ouvir a ambos.

Nesse *tour*, o lado ator de Patton novamente fez grande sucesso. Seu uniforme estava sempre impecável e seus discursos eram emotivos, bombásticos e cativantes. Ele recordava, visivelmente emocionado, os heroicos mortos na Europa e logo acendia um cigarro, em poses estudadas para causar efeito sobre a plateia. Ele alternava obscenidades e frases de alta moral e, assim, levava as multidões às gargalhadas e às lágrimas. Ao mesmo tempo, sua linguagem e certas declarações inadequadas causavam constrangimentos nos organizadores dos eventos, repercutiam nos jornais e recordavam a todos que Patton ainda era o mesmo.

Em 4 de julho, ele estava de volta a Paris e suas declarações, em privado, sobre os soviéticos, continuavam a aumentar de tom. Patton, por essa época, já afirmava que os russos não eram europeus, mas asiáticos, e que, portanto, pensavam de uma forma diferente dos ocidentais. Eles também seriam bárbaros, bêbados e sem respeito pela vida humana. Sendo assim, eles não podiam ser entendidos e, como os chineses e japoneses, não valeria a pena um esforço nesse sentido. Bastava saber quanto era necessário de chumbo e pólvora para matá-los. Patton achava que seria divertido matar os "mongóis" (russos), tanto quanto havia sido matar os "hunos" (alemães).

Não foi, contudo, pelo seu ódio aos soviéticos e suas bravatas belicistas que ele acabaria removido do seu comando logo a seguir, mas pela sua resistência em retirar os nazistas do governo da Baviera. Foram, pois, os "hunos", e não os "mongóis", que o fariam perder o seu amado 3º Exército.

O GOVERNO MILITAR DA BAVIERA

Após a conquista da Alemanha, os governos aliados tinham que encontrar uma maneira de lidar com os conquistados. Não era possível e nem desejável jogar a culpa pelo nazismo em toda a população alemã, mas ao menos os principais líderes nazistas precisavam ser julgados (o que ocorreria em Nuremberg) e os antigos membros do Partido Nazista deveriam ser removidos de todos os cargos públicos. Uma decisão controversa, pois muitos sabiam que quase todos os membros da burocracia alemã haviam sido do Partido e que a remoção de todos só tornaria mais difícil a tarefa de reconstruir a Alemanha e prover de comida, aquecimento e abrigo a população civil.

Além disso, já naquele momento, alguns oficiais ocidentais começaram a proteger cientistas ou funcionários de agências de inteligência do Terceiro Reich, por considerá-los úteis para a disputa que parecia se avizinhar com a URSS. Esta, apesar de ter sido muito mais rigorosa com os nazistas do que os ocidentais, também cooptou alguns membros do antigo governo de Hitler para poder melhor administrar a sua parte da Alemanha, especialmente nos escalões inferiores.

A ordem de eliminar os nazistas do governo, contudo, existia. Era a Diretriz 1067 do *Joint Chiefs of Staff* dos Estados Unidos e todos os oficiais americanos, concordando ou não com ela, deveriam colocá-la em prática. Patton, cujo 3º Exército ocupava a Baviera e que, portanto, exercia o cargo de governador militar da região, também deveria se adequar à diretriz e ele, na realidade, o fez em boa parte. Colocou atrás das grades notórios nazistas locais, como o infame Julius Streicher, o perseguidor de judeus; Gertrude Melchior, a propagandista de rádio alemã, entre outros. E, a mais de sessenta mil membros do Partido Nazista, foi negado emprego na nova administração americana na Baviera.

Patton, contudo, deu carta branca, na administração, à Fritz Schaeffer, um conservador bávaro que tinha tido ligações, ainda que limitadas, com o nazismo e que defendia uma depuração menos dura de ex-nazistas da máquina do Estado. Outros nazistas, de maior ou menor relevância, também continuaram em cargos importantes na administração da Baviera e isso levou a uma tempestade de críticas de setores da imprensa americana que defendiam a eliminação total dos nazistas da administração pública alemã.

Não parece que o general tenha, de repente, desenvolvido simpatias profundas pelos nazistas e decidido protegê-los. É verdade que, naquele momento, em seus papéis pessoais, ele já se questionava se os EUA não haviam cometido um erro em derrotar a Alemanha, pois os alemães eram uma "raça decente" que seria útil na luta contra os soviéticos. Seu pensamento firmemente reacionário e seu antissemitismo difuso, sempre presentes, também podem ter feito com que ele olhasse com alguma tolerância a nazistas não ostensivamente marcados por crimes de sangue e que atribuísse a origem de toda essa polêmica a conspirações judaicas. Não obstante, sua decisão de confiar setores importantes da administração a alguns ex-membros do Partido Nazista refletia mais a sua pouca vontade de tomar as rédeas da administração da Baviera (tarefa para a qual é difícil imaginar alguém menos dotado) e a sua crença de que, sem essas pessoas, seria impossível dar conta da missão que lhe havia sido atribuída.

O problema é que tais atitudes de Patton iam contra o princípio basilar da vida militar: o respeito às ordens superiores. Outros oficiais americanos podiam pensar como ele e reter alguns ex-nazistas que consideravam essenciais para suas missões, mas o faziam de forma discreta. Montgomery, igualmente, também aproveitou, sem alarde, a cadeia de comando civil e militar alemã para organizar a zona de administração britânica e defendeu que seria fundamental recuperar o poder das Forças Armadas alemãs para fortalecer o poder do Ocidente contra a URSS. Isso aconteceria, aliás, poucos anos depois, com a criação da Bundeswehr, as Forças Armadas da República Federal da Alemanha.

George Patton, contudo, foi incapaz de controlar a sua língua e manifestou suas opiniões de forma excessivamente ostensiva. Logo, seus atos se tornaram quase desafiadores, como quando visitou, em 5 de setembro de 1945, um campo de prisioneiros alemães que recolhia alguns dos piores guardas da SS dos campos de Buchenwald e Dachau e disse que era loucura manter homens como aqueles presos já que só tinham cumprido ordens e eram necessários para reerguer a Alemanha.

Afirmar, como ele de fato fez, que não havia necessidade de cuidados sanitários exagerados para os ex-prisioneiros judeus, já que eles não eram exatamente humanos, só piorou a sua imagem perante a opinião pública.

Para complicar sua situação, o Exército dos EUA estava começando a se desmobilizar na Europa e isso não apenas feria Patton, como o privava de vários oficiais de relações públicas que o haviam ajudado a ficar longe dos problemas com a mídia no decorrer dos últimos anos. A imprensa começou a ter ainda mais informações sobre os acessos de fúria e as declarações polêmicas do general e isso só ampliou as hostes dos seus opositores.

Em outubro, finalmente, Eisenhower ordenou a remoção de Schaeffer do governo bávaro e a nomeação de outro homem para o cargo. Patton, por sua vez, perdeu definitivamente seu 3º Exército. Acabou sendo colocado no comando do 15º Exército, uma força que só existia no papel, desprovida de elementos de combate e encarregada de escrever a História da campanha europeia e suas lições táticas e estratégicas.

UMA CARREIRA POLÍTICA?

Nos meses que se seguiram, o general, sempre interessado em história e tática militar, começou a trabalhar com interesse no seu novo posto, escrevendo artigos e documentos a respeito. Também continuou a comparecer a banquetes em sua homenagem e a fazer visitas a unidades militares e outras protocolares, como a que fez a Estocolmo em fins de novembro a velhos conhecidos das Olimpíadas de 1912. Nesse momento, também, começou a flertar com a política.

Com efeito, naquele momento, setores da direita americana começaram a desenvolver e divulgar a ideia de que Patton tinha perdido o seu comando por causa de uma conspiração comunista e judaica contra os Estados Unidos. Seguindo essa tese, os judeus estavam fazendo o possível para destruir o que restava da Alemanha e entregá-la aos comunistas. Começariam por destituir o católico e anticomunista governo de Fritz Schaeffer (apoiado por Patton) na Baviera, pelo que Patton também teria que ser neutralizado.

O caso do jornalista John O'Donnell, do *New York Daily News*, é emblemático. Já nos dias seguintes à remoção de Patton do seu comando, ele publicou que o general estava marcado pelos judeus desde que havia, na Sicília, esbofeteado um soldado de origem judaica. Agora, figuras eminentes judias do governo federal (como o secretário do tesouro Morgenthau, o juiz Félix Frankfurter e outros), que objetivavam a destruição final da Alemanha, haviam conseguido remover o general do caminho.

O artigo estava coberto de erros factuais (como dizer que um dos soldados humilhados por Patton era judeu), mas não foi algo isolado. O mesmo jornal também divulgou que estava em jogo um grande complô da esquerda progressista cujo objetivo era se livrar de generais claramente reacionários (como Patton e MacArthur) para preparar o advento de um governo comunista nos EUA. Outros órgãos da imprensa americana reproduziram essas e outras ideias semelhantes.

O próprio Patton, ao ouvir tais histórias, não pareceu ter dado muito crédito a elas e preferiu culpar Eisenhower por tudo o que lhe havia acontecido. Ele registrou, contudo, notas e observações que indicavam que esse complô não era algo totalmente impossível. Anos depois, essas mesmas forças de direita tentaram recuperar, como veremos, o diário do general, para utilizar alguns de seus trechos com o intuito de reforçar a tese do complô da esquerda e aproveitar para atacar Eisenhower.

De qualquer modo, a hipótese de que Patton pudesse iniciar, caso não tivesse morrido, uma carreira política nas hostes da direita americana não é absurda. Ele nunca havia militado politicamente ou se filiado a um partido, o que era coerente com sua visão negativa da democracia e sua ênfase na carreira militar. Mas agora seu nome emergia como possível candidato dos republicanos ao Congresso e, talvez, sua carreira política pudesse ter começado aqui, com perspectivas razoáveis.

Generais que se tornam grandes líderes políticos não são casos raros na história dos Estados Unidos, o que é no mínimo curioso, já que se trata de um país onde o poder militar e os generais sempre foram (e são) subordinados ao poder civil e aos políticos. Não obstante, o uso da fama e da respeitabilidade adquirida no campo de batalha para alavancar uma carreira política não é nada incomum nos EUA. Isso serve tanto para cargos de escalão menor, como deputados, como para a presidência. George Bush, John Kennedy e outros utilizaram a sua experiência militar na Segunda Guerra Mundial como demonstração de suas qualidades para ocupar o cargo de presidente. Além desses, os casos dos presidentes Ulisses Grant (ex-comandante das forças da União na Guerra Civil) no século XIX e Dwight Eisenhower no XX são os exemplos claros e extremos disso.

Patton poderia, assim, ter sido um proeminente político nas décadas de 1940, 1950 e 1960. Com a fama adquirida nas campanhas europeias e seus dotes de ator, não é impossível que ele tivesse tido imenso sucesso e, talvez, poderia ter sido um formidável rival para Eisenhower nas eleições de 1952. O contexto ferozmente anticomunista da política americana na década de 1950, com o desenvolvimento da Guerra Fria e a "caça às bruxas" interna, também indicam um futuro político promissor para Patton, desde que sua incontinência verbal não o colocasse em má situação como costumava ocorrer tantas vezes.

Sendo ele um inimigo declarado de sindicatos, das associações de trabalhadores e de outras organizações de classe, com preconceitos racistas não exatamente exclusivos, mas fortes, e sentimentos antidemocráticos persistentes, não é difícil imaginar que uma presidência de Patton, ao que tudo indica, poderia ter sido extremamente reacionária. Mais que isso, ela teria sido potencialmente perigosa, já que seu intenso anticomunismo e sua impulsividade poderiam ter levado a uma escalada perigosa de luta contra a URSS, com riscos reais de guerra nuclear.

Aqui, estamos trabalhando, claro, com uma história contrafactual e nunca saberemos como seria uma presidência de Patton ou mesmo sua carreira política. Não obstante, tais especulações parecem ser um instrumento interessante para pensarmos os possíveis caminhos que poderia ter seguido caso ele não tivesse morrido logo em seguida.

A MORTE

Em 7 de dezembro de 1945, Patton recebeu ordens de se preparar para voltar para os Estados Unidos, onde seu futuro profissional era incerto. No dia 9, ele decidiu caçar faisões com seu amigo general Hobart Gay. Às 11h45 da manhã, na estrada perto de Mannheim, um caminhão do Exército colidiu com o Cadilac que levava Patton e seus amigos. O impacto não foi grande e tanto Hobart Gay como o motorista, Horace Woodrig, saíram ilesos, mas sua força jogou o general para o teto e quebrou seu pescoço. Levado para um hospital em Heidelberg, ele oscilou entre momentos de aparente recuperação e piora até falecer na tarde do dia 21 de dezembro, aos 60 anos recém-completados.

Um funeral apropriado se tornou um problema. As normas do Departamento de Guerra de então diziam que os soldados que morriam em teatros de operações longe dos Estados Unidos deveriam ser enterrados no local da morte. Muitos, contudo, acreditavam que Patton merecia uma exceção e que seu corpo deveria ser enterrado em algum lugar mais significativo, como West Point. Após alguma indecisão, a esposa e os seus amigos concordaram que o melhor local para seu descanso final seria ao lado dos seus soldados, no cemitério militar americano em Hamm, Luxemburgo.

Em 23 de dezembro, após cerimônias religiosas e oficiais, um trem levando o corpo de Patton partiu para seu destino final. Após atravessar a fronteira da França, foi homenageado por uma guarda de honra francesa em cada estação. No dia seguinte, Patton foi finalmente enterrado, junto a nove mil dos seus comandados, em Hamm.

A sepultura do general Patton, Luxemburgo.

Para seus críticos e admiradores, uma morte como a de Patton foi um verdadeiro anticlímax e, provavelmente, para ele também. Para os fãs de alguém que se via como um guerreiro sempre em busca de chances para se provar em combate, foi decepcionante vê-lo encontrar a morte num prosaico acidente automobilístico. Não espanta, assim, que, desde então, boatos sobre esse acidente tenham sempre circulado. Os interesses políticos relacionados à memória do general também colaboraram, certamente, para manter vivos os rumores.

Nas décadas posteriores à morte de Patton, círculos conservadores e parte da família do general continuaram acreditando no complô judeu-comunista responsável por sua remoção do comando ou mesmo pelo seu assassinato. Recentemente, essa tese voltou com força.

Em 2008, Robert Wilcox publicou um livro que se tornou famoso, defendendo a tese de que Patton teria sido, na verdade, assassinado. O livro, escrito no formato de *thriller*, tem realmente todos os elementos que fazem o sucesso desse gênero: descoberta de documentos e testemunhas desaparecidos ou desconhecidos;

Willie, o último mascote de Patton, e parte dos seus amados papéis. Alemanha, janeiro de 1946.

agentes secretos que teriam tentado proteger a vida do general, grandes interesses políticos que não podiam ser revelados e um complô de silêncio para ocultar o fato.

Em essência, a motivação que explica o suposto assassinato não é muito diferente das velhas teorias conspiratórias. Patton teria identificado o perigo comunista na Europa e, com o seu talento, foi visto como uma ameaça potencial tanto para a URSS como para líderes emergentes que pensavam em dirigir a América, como Eisenhower, pelo que Patton deveria ser eliminado.

A primeira das hipóteses de Wilcox não é muito criativa, ou seja, a de que Patton poderia ter sido assassinado por um agente soviético da NKVD (futura KGB), uma organização com especial predileção por assassinar, no exterior, por meio de acidentes de carro fictícios e envenenamentos. Vários agentes da NKVD e outros teriam dito a Wilcox que Patton estava na lista de alvos de Moscou.

Outra hipótese que o autor apresenta, bem mais interessante, é a de que Patton teria sido assassinado pelo Office of Strategic Services (OSS), o predecessor da Central Intelligence Agency (CIA), ou seja, pelo próprio governo dos EUA, então dominado pelos democratas. Seguindo essa tese, William "Wild Bill" Donovan, chefe do OSS, amigo de Roosevelt e defensor da amizade entre os Estados Unidos e a União Soviética, teria dado ordens para a eliminação de Patton justamente para garantir essa amizade e também para que Patton não embaraçasse, com seus comentários, os novos líderes emergentes da América. Surge, então, a figura de Douglas Bazata, um suposto ex-agente da OSS que afirma ora que o acidente de Patton teria sido montado por um agente do órgão cujo nome ele não sabia, sob ordens de Donovan, ora que ele próprio, Bazata, o havia orquestrado, utilizando uma espécie de dardo para atingir Patton. Como o plano não havia dado certo e o general estava se recuperando, no hospital, teria sido montada então uma segunda operação, dessa vez por parte dos russos (com a conivência de americanos), matando-o com um tipo de veneno que provocava embolia e ataque cardíaco. Wilcox não chega a uma conclusão definitiva sobre se Patton foi ou não assassinado ou por quem, mas deixa no ar a sensação de que ele foi morto por alguém.

O autor afirma ter passado dez anos estudando o tema, mas sua pesquisa "histórica" apresenta falhas evidentes em termos metodológicos. Suas provas são circunstanciais, sempre movidas pela teoria conspiratória e baseiam-se excessivamente em rumores e boatos. Wilcox também dá crédito demasiado a esse suposto agente da OSS, falecido em 1999, tomando por verdade as suas afirmações sem maiores cuidados de verificação. Além disso, parece ter dificuldades em entender a diferença entre inimigos que odiavam ou temiam Patton (o que o general tinha em abundância) e inimigos que considerassem que valeria a pena correr os necessários riscos para matá-lo.

Recusado como mera especulação pela maioria dos historiadores profissionais, o livro é uma prova de como Patton continua a ser um produto vendável, ainda mais se for possível associar a sua figura com algum tipo de conspiração. Ele também é exemplo de um filão típico da produção cultural da direita americana, que tenta associar todo progressista, seja Roosevelt ou Clinton, como "vendido ao inimigo" e "pronto a trair a América". Hoje, Obama é mostrado como muçulmano nas TVs e rádios de direita e Roosevelt é atacado como um quase comunista que teria entregue metade da Europa à Stalin. Ao indicar que o grande general conservador, patriota e anticomunista poderia ter sido assassinado por ordens dos herdeiros de Roosevelt em Washington e pelos comunistas, as implicações políticas ficam mais do que claras.

Reforçando essa minha impressão, basta verificar quais os veículos de comunicação, especialmente na internet, que receberam positivamente o livro. Em geral, grupos conservadores ou próximos aos republicanos, como o programa de rádio *The Alex Jones Show*, que entrevistou o autor. Também não espanta que o conhecido coronel Oliver North (do escândalo Irã-contras, da época do governo Reagan) tenha explorado o tema em seu programa *War Stories*, da rede Fox News, em 2008. No episódio, intitulado "War Stories Investigates: The Remarkable Life and Mysterious Death of General Patton", visita-se o lugar do acidente e entrevistam-se personagens contemporâneos e familiares do general. Curiosamente, as informações recolhidas indicam que foi realmente um acidente e a única voz discordante é a de Robert Wilcox. Mas o simples fato de o incidente ter sido explorado da forma como foi já mostra o apelo que esse tema ainda tem para aquele grupo político. Patton, mesmo morto, continua a ter um peso político importante e a sua memória se mantém como objeto de disputa e cobiça.

A MEMÓRIA E O MITO PATTON

Desde a sua juventude, Patton escrevia compulsivamente diários, memórias, cartas e fazia anotações de todo tipo. As intenções eram documentar sua vida excepcional e preparar a futura edição de uma autobiografia, na qual ele daria a sua visão dos acontecimentos que havia vivido e das pessoas com quem havia trabalhado – um objetivo bastante comum entre os comandantes da Segunda Guerra Mundial (e de outras), interessados também nos ganhos políticos e monetários que a publicação de suas memórias poderia lhes proporcionar.

Exemplo de camiseta à venda nos dias de hoje, ressaltando a imagem agressiva do general.

110 PATTON

Patton, contudo, faleceu antes que pudesse consolidar em livro todo aquele imenso número de notas e informações. Trechos desse copioso material acabaram circulando e muitas pessoas viram nele uma potencial fonte de lucros políticos e financeiros, pelo que pressionaram a família por autorização para divulgá-los.

Já em 1947, seguindo a avalanche de livros e memórias sobre a guerra que começavam a aparecer, foi publicada uma coleção de cartas à esposa junto com notas esparsas de Patton. Tendo por título *War as I Knew it* (*A guerra que eu vi*), era um apanhado de descrições de pessoas e lugares para o conhecimento de sua esposa (como uma narrativa de viagem) junto com anotações e pensamentos sobre a arte da guerra. O material mais polêmico que podia existir foi censurado pela esposa e o livro, portanto, não causou grandes celeumas.

Entretanto, em 1952, Patton, mesmo morto, voltou a causar problemas com suas declarações e pensamentos, agora escritos. Na convenção do Partido Republicano desse ano, Eisenhower disputava a nomeação para candidato presidencial com o senador Robert Taft e, nessa disputa, os diários de Patton tornaram-se uma arma, já que o ali escrito podia atingir a reputação do primeiro.

Apenas nos anos 1970 é que os escritos de Patton foram editados e publicados de forma completa, por Martin Blumenson, como parte do seu livro *The Patton's Papers*. Até então, tudo o que circulava eram trechos e extratos que haviam vazado, por vários meios, para o público. Temia-se o que eles podiam conter.

Eisenhower, particularmente, estava receoso de que Patton comentasse, nos seus escritos, sobre seu caso amoroso com sua motorista de tempos de guerra, Kate Summersby, ou fizesse observações pouco lisonjeiras sobre seus dotes militares e políticos. A imprensa e os círculos mais conservadores dos Estados Unidos (como o ex-presidente Herbert Hoover ou o editor Henry Regnery) também viram aí uma grande chance de atingir a reputação de Eisenhower e procuraram convencer Beatrice Patton a autorizar a publicação de um bom trecho do diário antes da Convenção do partido, marcada para 7-11 de julho de 1952, em Chicago. Com a recusa de Beatrice Patton, o esquema falhou, mas trechos desfavoráveis a Eisenhower (como quando ele contemporizava com os britânicos) acabaram sendo publicados pela cadeia de jornais de William Randolph Hearst Júnior. A ideia era mostrar Eisenhower como politicamente manipulável e, portanto, não confiável e perigoso para a segurança americana. Trechos negativos referentes a Bradley também vieram à luz, pois este, como chefe de estado-maior, havia sido chave para a remoção de comando do general MacArthur na Coreia um pouco antes e era, por isso, odiado pelos ultraconservadores que consideravam MacArthur um herói. A publicação da impressão

POLÊMICAS, A MORTE E A MEMÓRIA 111

U.S. Army, s/d.

Nessa foto, podemos ver o general com um dos seus famosos revólveres de cabo de marfim.

desfavorável de Patton com relação à Clare Booth Luce, deputada que havia visitado a linha de frente em dezembro de 1944, indica ainda com mais clareza o cuidado político tendencioso tomado na seleção dos trechos. Clare, afinal, era a esposa de Henry Luce, proprietário das revistas *Time, Life* e *Fortune* e que apoiava a candidatura Eisenhower.

O estratagema da divulgação das palavras de Patton por parte da direita não deu certo e Eisenhower conseguiu tanto ser nomeado pelo seu partido quanto, por fim, ser eleito presidente dos Estados Unidos.

Mas a disputa pela memória de Patton e dos acontecimentos da época da guerra continuou nos anos 1950 e 1960 por conta das versões publicadas por ex-comandados do general, entre outros autores, sobre o que havia ocorrido nos anos da guerra e qual o papel de Patton na história toda. Hollywood, reconhecendo o potencial comercial de um filme sobre ele, começou a pressionar a família por autorização para poder produzi-lo, sempre negada. Programas de TV sobre Patton começaram a ser feitos já a partir de 1957.

Em 1963, a publicação da biografia de Patton escrita por Ladislas Farago deixou os estúdios de cinema ainda mais interessados em um filme sobre o personagem. A Twentieth Century Fox comprou os direitos dessa biografia e também de outros livros relacionados ao tema, como as memórias escritas por Bradley, para fazer um filme. O próprio Bradley foi convidado a ser o consultor oficial do filme, que foi finalmente lançado em 1970, com roteiro de Francis Ford Coppola e Edmund H. North e direção de Franklin J. Schaffner. Em 1986, foi feita uma série para a TV intitulada *The last days of Patton*, com os atores do filme original e que continuava a história a partir de onde esse tinha parado, mas a produção de 1970 é que foi considerada uma obra realmente marcante.

A história do filme se passa entre a derrota dos americanos em Kasserine, na Tunísia, e o momento em que Patton é removido do comando do 3º Exército. O general foi interpretado por George C. Scott, numa atuação admirável, facilitado pela sua semelhança física com Patton. A abertura do filme, aliás, com Patton fazendo um dos seus famosos discursos, é memorável.

Entretanto, o roteiro está coberto de erros e imprecisões históricas. Alguns deles são aceitáveis em nome da dramaticidade ou das condições práticas de filmagem, como a cena em que soldados americanos e britânicos se encontram nas ruas de Messina, ou a substituição da voz pouco máscula do verdadeiro Patton pela potência da de George C. Scott. Outros, contudo, são menos defensáveis, como a reiteração da ideia de que o general teria perdido seu comando por ter sido um dos poucos a reconhecer de imediato a ameaça comunista,

POLÊMICAS, A MORTE E A MEMÓRIA 113

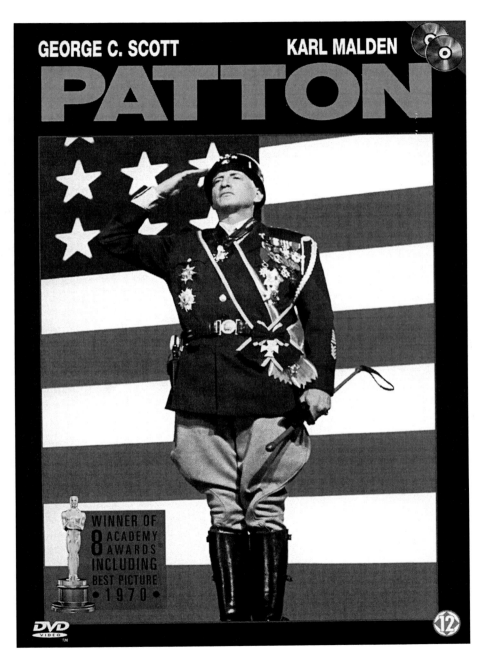

George C. Scott como Patton
no famoso filme de 1970.

114   PATTON

além da ausência de referências a Eisenhower ou a pouco lisonjeira imagem de Montgomery (o que reflete a presença, na redação do roteiro, de Bradley, que o desprezava ainda mais do que Patton).

Mesmo assim, o filme foi um sucesso estrondoso, venceu sete Oscars e consolidou a imagem de Patton na cultura popular americana. Em 2003, a película foi selecionada pela biblioteca do Congresso dos Estados Unidos para preservação e é considerada um dos melhores filmes biográficos já feitos. Tendo sido quase um mito já em vida, George Patton, Jr. tornou-se maior ainda depois da morte.

Isso leva a pensar em Patton como um dos primeiros generais realmente midiáticos da História. Na sua busca por sucesso e fama, ele foi especialmente cuidadoso, como demonstram os inúmeros exemplos já citados no decorrer deste livro, no trato da sua imagem e na consolidação de uma mitologia em torno do seu nome. Patton via esse cuidado midiático tanto como uma forma de ser notado pelos superiores e ascender na carreira, quanto como uma maneira de se converter no líder carismático que imaginava ser necessário para comandar homens em batalha. Ao mesmo tempo, a própria fama em si o atraía, como parte integrante do sucesso.

Não espanta realmente que a imprensa, amando ou odiando Patton, não conseguisse deixá-lo fora das suas páginas. Sua habilidade militar fazia dele um objeto vendável. Suas declarações polêmicas, seu estilo agressivo de comandar e seu visual cuidadosamente planejado (com o uniforme impecável, as pistolas vistosas, o capacete sempre presente e a "face de soldado" que ele havia cuidadosamente aprendido a fazer) eram um presente dos céus para correspondentes de guerra, que precisavam desesperadamente de boas histórias para enviar para casa. Patton sabia disso e era extremamente talentoso na tarefa autoimposta de criar uma aura em torno de si, mantendo sempre uma relação próxima com a mídia.

Ele foi, assim, um homem que deveu muito ao seu lado ator. Com sua ambição sem fim, Patton tinha grandes trunfos para ascender na carreira, como a posição social, os contatos políticos. Mas seus dotes no trato com as pessoas eram desastrosos, para dizer o mínimo, e a sua busca da fama tanto atrapalhou sua trajetória militar em alguns momentos, como a salvou em outros.

Nos anos posteriores, essa mesma faceta midiática, facilmente traduzível na linguagem comercial e dos filmes, tornou o personagem um prato cheio para os produtores de cinema, os documentaristas de TV ou os editores de livros e revistas.

Até hoje, Patton vende. Uma pequena busca na internet revela a quantidade enorme de páginas e sites sobre ele, sua carreira, suas polêmicas, indicando como sua imagem é presença viva e atual na cultura popular mundial e, especialmente, na americana. Nomes como Courtney Hodges, William Simpson ou Alexander Patch, que comandaram Exércitos na Segunda Guerra Mundial como ele, desapareceram da memória popular, mas o de Patton continua marcante.

A direita americana o endeusa, ainda hoje, como um homem que soube desde cedo identificar o mal comunista e que resolvia os problemas da maneira mais direta e adequada, simplesmente matando os inimigos. Para essa direita, compreender as motivações do adversário ou usar a força controlada são atitudes de liberais democratas fracos e pouco nacionalistas. Matar, simplesmente, o inimigo, seja ele soviético, vietnamita ou islâmico é o certo a fazer. Eis uma apropriação da imagem de Patton que reflete o que ele realmente era, mas a reforça ao limite para os fins políticos do momento.

Já mencionei, anteriormente, o livro de Robert Wilcox e o documentário produzido por Oliver North. Vale a pena citar, igualmente, alguns vídeos que circulam pela internet, em inúmeros sites e portais, sobre Patton. Em geral, o artifício usado pelos que os produzem é o de colocar novas vozes em filmes antigos de Patton ou no discurso inicial do filme de 1970 e, a partir daí, soltar frases agressivas contra os democratas, o presidente Obama, os muçulmanos e outras figuras identificadas como "inimigos da América". Alguns desses vídeos chegam a pregar o uso de um método mais direto de lidar contra esses "inimigos", simplesmente matando a todos, como Patton teria feito.

Enfim, se é verdade que o lado ator ajudou Patton em sua carreira militar e que suas opiniões políticas a atrapalharam em boa medida, são essas facetas da sua personalidade as que mais atraem e vendem hoje em dia. Seja por interesses políticos ou econômicos, este é o Patton que para muitos vale a pena recordar, sendo a sua habilidade militar apenas um pano de fundo para valorizar o "produto". Não obstante, para os objetivos deste livro, é o lado militar que interessa aqui especialmente, pelo que o próximo item será dedicado a ele.

O HOMEM E O SOLDADO

UM GÊNIO MILITAR?

Por todos os critérios razoáveis de avaliação, Patton foi um grande comandante tático e um mestre na guerra de movimento. Em apenas 391 dias em combate no norte da África, Sicília e Europa Ocidental, ele adquiriu uma merecida fama como comandante de tropas e se colocou ao lado de outros grandes capitães da História. Ele tinha imaginação, espírito de luta e visualizava melhor do que a maioria das pessoas o conjunto do campo de batalha.

Patton também sabia identificar os pontos e momentos de fraqueza do inimigo e golpeá-lo na hora certa, de modo a não permitir sua recuperação. Ele considerava que o inimigo ficaria mais vulnerável sendo atacado de forma incessante e intensa do que se sofresse apenas cuidadosos e lentos ataques de infantaria, blindados e artilharia. Nessa visão, Patton refletia bem uma perspectiva de um homem que tinha sido da cavalaria por quase toda a vida.

Patton também era um líder no estrito senso da palavra. Ao mesmo tempo em que sua ambição era imensa e que fazia tudo o que podia para ascender ao topo, ele era capaz de se aproximar dos soldados comuns, fazendo-os desenvolver uma relação próxima com ele. Eles podiam ficar irritados com sua disciplina firme e suas regras rigorosas, mas reconheciam que o general os levava à vitória e que podiam confiar na sua capacidade como líder militar.

Com a adoção da concepção de liderança próxima, Patton também tinha uma qualidade importante, que era a de estar sempre na linha de frente, mesmo com grande risco pessoal. Ele não acreditava, como era o pensamento dominante no Exército dos Estados Unidos então, que um general fosse um mero funcionário de uma engrenagem com vistas a um resultado ou que pudesse conduzir uma batalha sem observar a situação por si mesmo e sem fazer os soldados saberem que ele estava por perto. É questionável se essa técnica funcionou todas as vezes para manter o moral das tropas, mas permitiu a Patton ter uma visão concreta da realidade da frente de batalha e exigir mais dos seus soldados do que poderia se tivesse ficado em seu posto de comando na retaguarda.

Sua capacidade em se projetar na mídia e ofuscar seus competidores criou, como visto anteriormente, um "mito Patton" de um general além da sua época, superior a todos os outros e imune a erros e hesitações. Tal visão obviamente não é verdadeira, pois ele também tinha pontos fracos e deficiências. O próprio Eisenhower, numa visita a West Point, fez uma declaração que constata isso. Ao passar pela estátua de Patton, um repórter teria dito "O General Patton foi uma lenda", ao que Eisenhower teria respondido "Sim, principalmente uma lenda". Verdadeira ou não, essa história indica a necessidade de separarmos o homem do mito, mesmo em termos estritamente militares, e compreender também suas debilidades.

Uma delas era o seu precário entendimento tático no tocante ao ataque a áreas fortificadas, como ficou patente nos seus avanços frontais em Metz e nas Ardenas. Outra de suas limitações era focar-se apenas no ataque contínuo, o que era uma excelente opção em alguns momentos, mas que poderia ter sido desastrosa em outros, se seus comandantes não o tivessem refreado. Atacar, atacar e atacar era, em essência, a sua tática central e a ele faltava, provavelmente, uma capacidade mais refinada de utilizar tanques e blindados em campo de batalha e maior atenção à logística. Contra inimigos pouco motivados ou enfraquecidos, como os italianos na Sicília ou os alemães nos estágios finais da guerra, atacar sem parar foi uma técnica vitoriosa. Contra outros mais bem armados, é questionável.

Realmente, fica sempre a questão de como seria a eficiência de Patton se ele tivesse sido obrigado a enfrentar um inimigo com recursos no mínimo equivalentes aos seus e se colocar na defensiva. Manstein e outros generais alemães foram mestres, por exemplo, na arte da "defesa elástica" frente à superioridade numérica dos soviéticos. Ideias como as de Patton, de atacar sempre, teriam levado ao desastre na frente russa.

Patton também era, na maioria das vezes, adepto de novas ideias, mas podia, se considerasse útil para a sua carreira, se apegar ao passado e propor a regressão. Isso aconteceu nos anos do período entreguerras e, como visto, mesmo depois de 1942, quando ele defendeu novamente o valor da cavalaria e os limites dos tanques. Contudo, ele tinha a qualidade imensa de se adaptar rapidamente, o que lhe permitiu desfrutar de oportunidades que outros não viam.

A mesma concepção da guerra como busca da glória que o fazia um general agressivo e eficiente acabava por levá-lo a ser menos cuidadoso do que possível frente à questão da vida dos seus homens. Sua alegação central era a de que essa agressividade podia custar mais no curto prazo, mas que, ao final, permitia que vidas fossem poupadas ao derrotar o inimigo mais rapidamente. Talvez ele não estivesse errado, mas Patton também não via problemas em dispor da vida dos seus soldados para atingir seus objetivos pessoais.

Evidentemente, mesmo alguém como ele tinha que respeitar limites estabelecidos pelo contexto, que restringiam a sua liberdade de ação. Afinal, para os ditadores Stalin e Hitler o que importava era o resultado, mesmo que muitos dos seus homens morressem, e a opinião pública na Alemanha ou na União Soviética não tinha voz. Assim, se um general russo ou alemão perdesse duzentos ou trezentos mil homens em uma batalha, mas a vencesse, não seria questionado. No caso americano ou britânico, por conta do regime democrático, tal liberdade não existia e perdas excessivas seriam vistas como incompetência e inaceitáveis. Se Patton tentasse vencer batalhas sem se importar minimamente com seus mortos e feridos, como faziam muitos generais soviéticos, seria, provavelmente, removido do comando.

Patton também parece ter tido momentos de sofrimento relacionados às perdas humanas e há relatos de ocasiões em que, ao visitar soldados feridos em hospitais, pediu perdão a eles, ou de quando teve crises de choro ao ver homens morrendo. Porém, mesmo não tendo a liberdade desfrutada por um general soviético ou alemão para desperdiçar vidas, em vários episódios, ele demonstrou claramente estar mais preocupado com a fama que lhe traria uma possível vitória que em poupar as vidas dos seus comandados.

Depois do episódio das agressões aos soldados americanos na Sicília, por exemplo, ele simplesmente não conseguia entender o que havia feito de errado, já que matar e morrer pela Pátria (e por ele) era, mais do que um dever, um privilégio. No seu afã em chegar primeiro a Messina ou a Metz, ou no envio da força-tarefa para libertar seu genro da prisão, ele pôs seus interesses em primeiro lugar em detrimento da vida dos seus homens, tendo exposto soldados americanos a riscos desnecessários. Mesmo assim, nos seus escritos, ele nunca reconhecia haver errado, com a exceção do último acontecimento, que ele reconhecia ter sido uma falha, mas somente no sentido de ter trazido problemas para a sua imagem.

Patton gostava de brincar que teria preferido outro tipo de guerra, no qual ele duelaria, num tanque, com Rommel ou Rundstedt. No mundo real, ele, contudo, não hesitava em ver homens como peças de que ele necessitava – como munição ou combustível – para fazer a guerra, e que podiam ser gastas. Não espanta, assim, que, quando ouviam o velho apelido de Patton, "*Old blood and guts*" (Velho sangue e coragem), muitos soldados retrucassem que era a sua (do comandante) coragem e o sangue deles (soldados).

Em termos de filosofia da guerra, Patton não era exatamente um pensador. Conhecia profundamente a História Militar, mas interessava-se por ela apenas no sentido de reunir elementos para reforçar seus pontos de vista prévios. Além disso, Patton sabia muito pouco a respeito de qualquer coisa que não fosse estritamente militar, o que o fazia um homem muito menos talhado a altos cargos ou à elaboração de planos maiores que envolvessem, além de questões militares, política e estratégia, como Eisenhower e Marshall.

Não espanta, assim, que ele tenha ficado restrito a comandante de Exército, não alçando maiores voos. Não apenas suas ideias radicais e inabilidade política o impediram de atingir o topo, como ficou claro para seus superiores, desde muito cedo, que ele não teria condições de gerir uma guerra, o que vai muito além do estritamente militar. Um Patton no lugar de um Eisenhower teria sido um desastre para os Aliados. Um tático excelente, mas um estrategista menor, pois.

Uma maneira de avaliar a capacidade e os feitos militares de Patton é comparando-o com seus companheiros de armas aliados e também com alguns generais alemães. Essa comparação nunca é perfeita e nem poderia ser. Afinal, a única maneira justa de comparar as habilidades de dois generais seria colocar um contra o outro, com o mesmo número de homens e equipamentos, equivalência em qualidade de armamentos, treinamento dos soldados e suprimentos. Seria conveniente, igualmente, colocá-los no mesmo terreno e sem os acasos da sorte.

Algo assim, claro, nunca aconteceu na história e, na verdade, a competência de um comandante se mede, mais que tudo, na exploração das suas vantagens e superação das desvantagens frente ao inimigo. Mesmo assim, a comparação pode ser útil para colocar a capacidade militar de Patton em perspectiva.

PATTON E SEUS ALIADOS E RIVAIS

General que foi comandado por e comandou Patton, Omar Bradley não tinha os dotes táticos daquele e nem o seu carisma. Tinha, contudo, grande competência gerencial, no cuidado logístico e na manutenção da disciplina, além de se preocupar com a vida dos seus homens. Estava na Europa para vencer uma guerra, usando o poder superior da América, e levar os soldados para casa e não para um embate quase pessoal com Rommel ou Von Rundstedt. Bradley era um soldado profissional a serviço do seu país e sem uma concepção romântica da guerra. Eisenhower também se aproximava desse modelo. Outros generais aliados e alemães também poderiam, claro, ser comparados, de forma favorável ou desfavorável, com George Patton.

Seguindo os passos do historiador britânico Terry Brighton, contudo, talvez a comparação mais válida seja com dois dos seus maiores rivais durante a guerra, Montgomery e Rommel. Rivais nem tanto no campo de batalha (onde eles jamais se encontraram), mas em egos, em capacidade de uso da propaganda para autopromoção e no papel que assumiram na cultura popular de seus países.

Os três tinham experiências de vida semelhantes e, ao mesmo tempo, muito diferentes. Nasceram em épocas próximas, eram devotados estudiosos de História Militar e da arte da guerra e ascenderam na hierarquia de seus Exércitos no mesmo período. Mas suas personalidades e origens sociais eram diferentes e, o que é mais importante, eles interpretaram de forma diversa a experiência comum da Primeira Guerra Mundial, o que ajudou a formatar seus respectivos estilos de comando para a Segunda.

Montgomery (ou Monty), por exemplo, era um tipo de general diferente de Patton. Ao contrário da tendência impulsiva deste, que preferia atacar e aproveitar as oportunidades, ou do hábito de Eisenhower de ouvir as opções e decidir, Montgomery era um planejador nato, que havia visto os massacres nas linhas de trincheiras na Primeira Guerra e acreditava que um plano rigoroso poderia economizar vidas. Na sua sala de mapas, ele e sua equipe preparavam com cuidado cada operação e só depois passavam os detalhes a seus subordinados. Patton preferia dizer a estes o que queria e deixá-los agir com maior autonomia. Já Monty era muito menos flexível e exigia que seus planos fossem seguidos o máximo possível à risca.

Montgomery era um bom general, que sabia agir e vencer batalhas, mas apenas quando tinha à disposição os recursos para tanto (de forma a ter certeza da vitória) e o tempo para planejar, como havia feito em El-Alamein, em 1942, contra Rommel. Nessa ocasião, ele tinha o dobro do efetivo em comparação com os inimigos, mais de duas vezes o número de tanques, superioridade aérea e suprimentos e reforços à vontade. O mesmo se repetiu na França e na Alemanha em 1944-1945. Com tal superioridade, normalmente seus planos davam certo e ele era o vencedor.

No entanto, como era pouco flexível, dava um valor limitado ao movimento e aos blindados; seu comando dava pouca margem para o aproveitamento de oportunidades inesperadas ou para explorar ao máximo as vitórias. Montgomery inspirava seus comandados não com discursos agressivos e obscenos, mas com sua calma e provas de eficiência.

Em termos pessoais, ele, ao contrário de Patton, que apreciava a vida mundana, festas, uísque e mulheres, era quase um monge. Como Patton, contudo, também era de difícil trato, e também dava valor excessivo ao prestígio militar. Enquanto Patton causava problemas por suas posições políticas extremas e por falar demais, Montgomery criava outros por se considerar muito superior aos seus congêneres americanos e tratá-los com pouca consideração. Só a habilidade e a paciência de Eisenhower permitiu que ambos continuassem sob seu comando.

Com referência aos oficiais alemães que combateu, Patton teve, a sua frente, generais pouco conhecidos, como os comandantes dos 1º e 7º Exércitos alemães Erich Brandenberger, Hans von Obstfelder ou Otto von Knobelsdorff, todos sem grande expressão e liderando tropas com poucos recursos. O único comandante alemão que enfrentou Patton e que poderia ser considerado de estatura equivalente seria, provavelmente, Hasso von Manteuffel, que liderou com brilhantismo o 5º Exército Panzer alemão na Ofensiva das Ardenas. A diferença dos recursos disponíveis para os dois lados torna difícil avaliar, contudo, quem seria o melhor em termos táticos.

Mas e Rommel? Erwin Rommel é sempre comparado a Patton, já que ambos são sempre recordados como os melhores "generais de tanques" da Se-

Monumento a Patton na Academia militar de West Point.

gunda Guerra Mundial. Na verdade, ambos só entravam em tanques para fotos de propaganda (preferindo comandar suas unidades de dentro de carros ou postos de comando mais práticos) e conheciam menos sobre as especificações técnicas dos seus veículos, provavelmente, do que os soldados e sargentos que os operavam. Eles estavam interessados centralmente era na sua utilização tática em campo de batalha e, nisso, foram próximos.

A cultura popular gosta de imaginar os combates de um contra o outro, o que é compreensível dada fama dos dois. Na realidade, contudo, como foi dito, eles nunca se enfrentaram diretamente. Rommel, em geral, estava sempre um nível hierárquico acima de Patton e, na Tunísia, ele já era comandante de Exército, enquanto Patton era de Corpo. Na França, enquanto o marechal alemão, que se suicidaria logo depois, já era comandante de grupo de Exércitos, Patton o era de um Exército apenas. Eles nunca "se enfrentaram" no mesmo nível, e isso é frustrante para a indústria cultural, que poderia fazer ótimos filmes a respeito.

Ambos eram, com certeza, similares no cuidado que dispensavam à questão do relacionamento com as tropas e na preferência por golpes rápidos, manobras e surpresas. Não devia ser fácil trabalhar com Rommel – assim como com Patton –, já que, sentindo-se protegido por sua fama e por sua ligação com Hitler, ele era rude e arrogante com seus oficiais, exigindo em excesso e não permitindo críticas. Também podemos aproximar a trajetória dos dois em termos de construção de imagem, pois a habilidade militar de Rommel – inegável – também foi extremamente exagerada, para fins de propaganda, tanto pelos alemães, como pelos britânicos (para ressaltar a competência do homem que o derrotou, Montgomery).

Rommel, contudo, quase sempre lutou com recursos inferiores aos do inimigo e era mais um soldado profissional, moldado e criado com o objetivo de triunfar no campo de batalha a serviço da Pátria, do que um adorador da guerra como Patton. Ele sabia explorar o sentimento de superioridade dos soldados alemães (que sempre se sentiam melhores do que os outros) e seus armamentos de melhor qualidade (como os canhões de 88 mm) para atingir o inimigo e era um mestre na arte de aproveitar oportunidades e manobrar.

Rommel não era oriundo da cavalaria, como Patton, e sua experiência durante a Primeira Guerra havia sido a liderança de unidades de infantaria em ataques rápidos e concentrados contra o inimigo, para fazê-lo ceder. Ele não presenciou os inúteis avanços de infantes nas trincheiras da Frente Ocidental e nem teve a experiência, usufruída por Patton, com tanques já em 1918. Mas Rommel soube ver, nos blindados, a evolução tecnológica das técnicas de infiltração e concentração que haviam causado tantos danos ao inimigo nas frentes

Oriental e italiana na guerra anterior, revelando-se, no momento certo, um mestre em explorar isso.

Seu grande trunfo, contudo, era a ousadia. Muitas vezes, ele derrotou inimigos muito superiores em recursos (como os britânicos na Líbia) com suas apostas. Mas, no fim das contas, acabou sendo derrotado justamente pelo excesso de ousadia além da falta de meios. Com a Alemanha não podendo enviar mais recursos para ele, dada à invasão da URSS, e com suas linhas de suprimento excessivamente alongadas (com os reforços e suprimentos vitais seguindo de navio da Itália para a Líbia e de lá para o Egito), Rommel se arriscou demais avançando na direção do canal de Suez e acabou sendo derrotado em El-Alamein. Nesse sentido, podemos afirmar que, provavelmente, era Rommel a contraparte alemã de Patton. E isso não apenas no lado positivo da habilidade de vencer pela ousadia e rapidez. Com efeito, talvez aqui tenhamos, em Rommel, a contraparte mais "pobre" de Patton e um exemplo do que uma filosofia de ataque contínuo frente a um inimigo superior e sem recursos adequados poderia levar, ou seja, à derrota.

O próprio Patton dizia que um Exército não era melhor do que o general que o comandava. Na verdade, um general não é muito melhor do que os soldados que comanda. Patton teve, na maior parte do tempo, uma equipe formada por oficiais competentes, como Geoffrey Kay, Hobart Gay, Kent Lambert, Walter Muller, Hugh Gaffey e Oscar Koch. No 3º Exército, além disso, teve alguns comandantes de corpo e divisão bastante eficientes e atuantes, ainda que nem todos tivessem a sua perspectiva tática ousada, como Manton Eddy, Walton Walker, Troy Middleton e outros. O comandante da força aérea que o apoiava, Otto Weyland, também era prático e capaz, o que produziu apoio aéreo de primeira a Patton quando necessário. Ele teve a sorte de ter uma boa equipe ou, o que é mais provável, teve a habilidade de formar uma.

Seus soldados e a maioria dos seus suboficiais e oficiais eram, contudo, civis apenas recrutados, com treinamento e dotes militares limitados. Eram jovens que passavam alguns meses em treinamento intensivo e eram embarcados para o combate, pouco imbuídos do profissionalismo ou do ardor guerreiro que Patton gostaria de ver neles. Aliás, era justamente por saber dos limites desses homens, em termos de agressividade e espírito de sacrifício, que Patton tanto insistia em estrita disciplina e, através dos seus discursos e atitudes, procurava aumentar a disposição deles para a luta.

Isso, na verdade, não foi privilégio do Exército dos Estados Unidos, pois todos os Exércitos em luta na Segunda Guerra se basearam em massas de recrutas convocados para o serviço militar. Os civis americanos transformados em militares, contudo, não podiam ser forçados a lutar como desejado pelos comandantes, como nas fileiras soviéticas ou alemãs, e nem viam seu país em ameaça imediata, como os britânicos ou franceses. Eles tinham que ser tratados com mais cuidado e tato. Portanto, não espanta que o governo Roosevelt tenha decidido fazer a guerra das máquinas e do material contra os homens e dar, a estes, todos os confortos e amenidades possíveis para aliviar os incômodos do serviço.

Outra característica do sistema americano também complicava as coisas em termos da qualidade dos recrutas. Soviéticos ou alemães utilizavam o sistema de rotação de unidades, ou seja, a retirada da linha de frente de divisões que tivessem sido duramente atingidas ou que precisassem de descanso. Na retaguarda, elas absorviam novos recrutas e era possível, assim, que fossem incorporados com mais vagar e, muitas vezes, os novos pelotões e batalhões já vinham formados dos depósitos de pessoal. Isso deixava os recém-chegados menos perdidos e dava mais coesão às unidades.

É evidente que, muitas vezes, isso não acontecia, especialmente quando uma dada unidade era golpeada com tal força que tinha que substituir por novatos quase todo o seu efetivo. Além disso, na maior parte do tempo, a necessidade de tropas era tão grande que jovens podiam ser incorporados apenas com treinamento mínimo e, normalmente, não era possível manter as divisões se recuperando e treinando na retaguarda o tempo suficiente para elas se tornarem cem por cento efetivas. Contudo, ao menos em teoria, o sistema fornecia alguma base para que o conhecimento dos veteranos fosse passado aos recém-incorporados. No caso dos Estados Unidos, a ideia original era criar um sistema como este, mas acabou-se por adotar outro, o de substituições diretas individuais. As divisões eram mantidas permanentemente em combate e suas perdas eram substituídas por soldados isolados que vinham diretamente dos depósitos de pessoal, com algum treinamento, mas pouca vivência de batalha. O sistema mantinha as forças americanas sempre com efetivos completos e em ação, mas reduzia a qualidade média dos seus soldados.

Assim, é plausível acreditar que, se tivesse comandado soldados escolhidos e motivados, como os das divisões de elite da Waffen-SS, e não precisasse se preocupar com baixas em excesso, Patton talvez tivesse tido uma atuação muito melhor. Tendo que lidar, contudo, com um alto-comando cauteloso e liderando um grande exército de conscritos, civis em armas, dos quais não se podia exigir demais, suas operações foram exitosas, mas talvez não espetaculares.

O mesmo serve para todos os outros comandantes. Montgomery era um excelente planejador, mas sabia dos limites dos soldados britânicos, cada dia

A Guerra do Golfo (1990-1991): uma ação
militar audaz que Patton teria aprovado.

mais esgotados com a guerra, e não podia exigir deles sacrifícios como os que Zhukov ou Timoshenko demandavam dos recrutas soviéticos. Mesmo generais alemães competentes como Rommel ou Manstein teriam feito muito mais com os recursos abundantes dos americanos, mas, sem as habilidades táticas dos soldados e suboficiais alemães, talvez tivessem feito muito menos.

De qualquer modo, seja visto isoladamente, seja em comparação com seus aliados ou inimigos, Patton foi um grande general e que deixou, de fato, um legado para os militares que viveram depois dele. Compreender e explorar esse legado é tarefa fundamental se quisermos visualizar com clareza as marcas que o general deixou no mundo contemporâneo, mesmo décadas depois da sua morte.

PATTON E A GUERRA CONTEMPORÂNEA

Patton é sempre recordado como símbolo de líder e militar pelos seus camaradas de armas do Exército dos Estados Unidos, o que é facilmente demonstrável pelo número de quartéis e bases militares que carregam o seu nome e pelos inúmeros monumentos a ele dedicados nos mais diferentes locais. Vários oficiais desse Exército, até hoje, também indicam que foram atraídos pela carreira militar após conhecerem a vida e os feitos desse general. Na época da Guerra do Golfo, igualmente, há relatos de frases famosas do general sendo exibidas em quartéis generais e em alojamentos de soldados. Seu mito continua, sem dúvida, uma inspiração para muitos.

Em termos de pensamento tático, suas opiniões – especialmente aquelas contidas na coletânea publicada originalmente em 1947 – refletem, acima de tudo, bom-senso. Por exemplo, Patton afirma que um comandante não deve tentar comandar mais do que um nível abaixo na hierarquia, que ataques de infantaria perdem o ímpeto depois de algum tempo devido ao cansaço ou ainda que é muito melhor dizer aos subordinados o que fazer do que como fazer.

Outras de suas reflexões estão completamente datadas, como as relativas ao uso adequado de fuzis M-1 ou bazucas. Também boa parte de suas teorias sobre como estimular os valores patrióticos e o ardor bélico das tropas já não se aplicam perfeitamente, em especial no caso do Exército dos EUA, agora formado completamente por voluntários. Aliás, Patton provavelmente ficaria indignado com a presença de mulheres em funções de combate, pois considerava a guerra coisa de homem e prova de masculinidade.

Sua concepção de liderança e da guerra, quase românticas e de ligação umbilical com seus soldados, também não tinha como ser a dominante num Exército totalmente profissionalizado e que tende a ver no combate um assunto a ser resolvido da melhor forma e da maneira mais eficiente possível. Além disso, com as transformações tecnológicas, a essência das batalhas mudou, e muito do que Patton escreveu está, portanto, ultrapassado.

Ele mesmo talvez fosse o primeiro a reconhecer isso e se adaptar, absorvendo as alterações trazidas pelas novas tecnologias no campo de batalha e incorporando a capacidade de obter informação em tempo real – as cada vez maiores potencialidades do poder aéreo e da sua cooperação com as forças de terra (que ele reconhecia, na sua época, ainda estarem na infância). Com sua grande capacidade de aprender, provavelmente adotaria até as modernas armas guiadas, entre outras tantas novidades. A essência do seu pensamento tático, contudo, provavelmente continuaria intacta.

Como visto, ela era, na verdade, algo simples, ou seja, a valorização do ataque contínuo. Defesas estáticas, como as linhas Siegfried ou Maginot ou as muralhas de Adriano e chinesa, eram completamente inúteis, e o ataque, conduzido pelos líderes certos, era sempre a melhor defesa. O ataque, contudo, não era e nem devia ser jamais algo desorganizado ou desarticulado, como uma corrida de homens e veículos frente ao inimigo. Ele deveria ser cuidadosamente planejado e posto em prática sempre com ênfase na surpresa, no movimento e no poder de fogo. Batalhas são e eram ganhas pelo poder de fogo, e o movimento sempre busca encontrar a melhor posição para disparar no inimigo. Patton valorizava a importância de uma boa coordenação entre a artilharia e a infantaria e o uso de armas combinadas, além da necessária articulação entre as forças de terra e aéreas. Também deixava sempre claro que o reconhecimento e a inteligência eram peças fundamentais em qualquer batalha, pois permitiam que se escolhesse o melhor ponto para se mover as tropas e golpear o inimigo.

Na verdade, essas são, ainda hoje, as bases da doutrina militar americana, mesmo que profundamente alteradas pela revolução tecnológica dos anos 80 e 90 do século XX, que mudaram os padrões da doutrina, mas não a sua essência. Efetivamente, desde o fim da Segunda Guerra, os militares americanos continuaram a confiar na sua mobilidade e concentração de poder de fogo, mas foi ficando claro, *grosso modo*, a partir dos anos 1970, que a superioridade numérica dos soviéticos não permitiria mais que tais elementos fossem determinantes.

Desde então, modificou-se a doutrina militar, com nova ênfase na coordenação de poder aéreo e terrestre, mobilidade e troca de informações em tempo real para superar o número maior dos soviéticos. Também se procurou aumentar, cada vez mais, a vantagem tecnológica.

Essa é, em essência, a base do poder militar dos EUA hoje. Ninguém discute que, numa grande guerra contra outra potência, os Estados Unidos poderiam muito bem se mobilizar novamente e fazer valer o peso dos seus imensos recursos humanos, industriais e econômicos. Em curto prazo, contudo, a superioridade real dos americanos não está nos números, mas na tecnologia, no treinamento contínuo e na capacidade de coleta e processamento de informações.

Tal superioridade permite-lhes contar, em suas operações, com dois elementos fundamentais, ou seja, poder de fogo e mobilidade. Eles utilizam helicópteros e aviões para se moverem rapidamente no campo de batalha e despejar um inacreditável volume de fogo sobre o inimigo. À medida que a tecnologia de coleta e processamento de informações (com veículos aéreos de reconhecimento não tripulados, satélites etc.) se desenvolve, a possibilidade de não desperdiçar munição e destruir rápida e eficientemente o inimigo é ainda maior. No cenário atual, enfrentar em campo aberto as forças dos EUA é puro suicídio.

Claro que essa eficiência militar não resolve outros dilemas, como a falta de soldados para manter a ocupação efetiva de um país (como o Iraque, por exemplo) ou a dificuldade em derrotar inimigos que se escondem nas sombras, como guerrilheiros ou terroristas. Esses, aliás, eram problemas que não estavam presentes na mente de Patton, um soldado treinado para guerras clássicas, de Exército contra Exército, Estado contra Estado, e não nas guerras chamadas "assimétricas" ou "irregulares". A sua frustrante experiência no México em 1916, aliás, na qual Patton não conseguiu destruir um inimigo que se recusava a combater de acordo com seus moldes, indica como essa não era a guerra na qual ele sabia lutar.

De qualquer modo, já que mobilidade e poder de fogo formam a base do pensamento militar de Patton e também do pensamento contemporâneo dos Estados Unidos, é tentador fazer uma analogia simples e indicar que os ensinamentos de Patton foram vencedores. Em certos autores, como Axel Axelrod, essa visão aparece com força, como se o Exército dos EUA da Segunda Guerra e mesmo posterior fosse o Exército de Patton e como se todos os seus princípios de liderança, táticos e mentais estivessem em vigor.

É verdade que muitas de suas sugestões e reflexões foram fundamentais para formatar a doutrina de guerra blindada como implantada a partir de 1940-1941. Também é verdade que algumas operações levadas a cabo por esse Exército depois de 1945 seriam aprovadas pelo general. O ataque indireto a partir da península de Pusan na Guerra da Coreia ou a incursão no Camboja em 1970 são exemplos disso.

A investida rápida e decisiva de uma maciça força blindada, apoiada pelo ar, na retaguarda das forças iraquianas que se entrincheiravam no Kuwait em 1991 também seria aplaudida por ele, pois significaram a aplicação de maciço poder de fogo, movimento e surpresa, atacando o inimigo pelo flanco e por trás. Do mesmo modo, quando, após o trauma do Vietnã, o Exército dos EUA decidiu reforçar a disciplina e o treinamento, o espírito de Patton deve ter dado o seu "ok".

No entanto, é importante não exagerar e superestimar a sua contribuição. Em 1940-1941, o verdadeiro mentor intelectual da doutrina de armas combinadas e de uso de blindados do Exército dos EUA foi o general Adna Chaffee, que, até por isso, foi nomeado o comandante da força blindada e que só saiu de cena quando de seu falecimento por doença logo depois. Demais generais e oficiais, como Eisenhower, Bradley entre outros também deram a sua colaboração nessa questão em igual ou maior medida que Patton.

O mesmo pode ser dito sobre o pós-guerra. Patton e suas ações colaboraram para firmar na mentalidade americana a ideia de que despejar um dilúvio de fogo sobre o inimigo, a partir da posição mais favorável, é o melhor caminho para vencer batalhas. Não obstante, essa maneira de pensar a guerra também é típica de uma sociedade rica, altamente industrializada e democrática como a americana.

Já na época de Patton, e mesmo antes (como se percebe nas reflexões do general Pershing, no tempo da Primeira Guerra Mundial), a percepção geral era a de que os Estados Unidos venceriam batalhas desfrutando de sua superioridade na mobilidade e despejando artilharia e explosivos de todo o tipo sobre o inimigo. Patton radicalizou essa posição na defesa acirrada que fez do movimento, mas sua voz não era totalmente isolada.

Mesmo hoje, esse tipo de guerra só é possível numa sociedade industrial e tecnologicamente rica e avançada como a americana e, ao mesmo tempo, é a única aceitável para esta sociedade. Há mais de duzentos anos sem sofrer grandes ameaças a sua integridade territorial, com governos democraticamente eleitos e controle dos civis sobre os militares, o povo americano não aceitaria as baixas em escala maciça que outro tipo de guerra produziria e, portanto, vencer desfrutando das duas vantagens mencionadas é a única opção disponível.

Patton e suas reflexões estão, assim, dentro do *mainstream* do pensamento militar americano e, se ele colaborou para a renovação desse pensamento, não criou algo totalmente novo. Se o Exército dos EUA foi eficiente na Segunda Guerra e o é hoje, isso é sim devido a Patton, mas de forma alguma apenas a ele.

Contudo, talvez seja importante também não superestimar a sua influência posterior no sentido inverso, como fazem, de forma no mínimo curiosa, autores como Rick Atkinson. Ao prefaciar, em 1995, uma nova edição do livro de Patton de 1947, ele diz que os pensamentos do general sobre a superioridade inata dos americanos levaram a uma confiança excessiva, a uma *hubris*, que se mostraria desastrosa. Tendo bebido nos ensinamentos do general, uma geração de jovens oficiais dos EUA passou a ter uma presunção de invencibilidade tão grande que levou a desastres como a Guerra do Vietnã. Só depois de ser humilhado e derrotado nas selvas vietnamitas é que o Exército americano pôde reconhecer suas falhas e limites e iniciar um processo de recuperação que levou à moderna e eficiente arma atual.

A conclusão, em si, não está equivocada, pois foi realmente durante a Guerra do Vietnã que o Exército e as forças armadas dos EUA em geral atingiram seu ponto mais baixo em termos de eficiência tática e estratégica. Do mesmo modo, é correto afirmar que foi a partir das lições daquela guerra que começaram a renovação e o aperfeiçoamento em termos gerais. Não obstante, colocar em Patton as sementes da derrota na Guerra do Vietnã é, com certeza, um pouco excessivo. Para o bem ou para o mal, a influência do general foi grande, mas não absoluta.

Patton, assim, deve ser visto além do mito. Foi um grande general, talvez um dos melhores que os Estados Unidos produziram, no campo tático, durante a Segunda Guerra Mundial e deixou uma herança para o Exército do seu país. Mas não era tão excepcional a ponto de podermos considerá-lo além do seu tempo e de sua época.

Conclusões

O homem Patton era uma incrível soma de contradições. Um cristão devoto com firme crença na reencarnação. Ambicioso, nascido em família rica e influente e capaz de qualquer coisa para alavancar sua carreira, mas cujo comportamento e linguagem pareciam mais com os das classes populares do que das elites. Um ator dotado, capaz de conseguir a atenção da mídia, em viés negativo ou positivo, e marcar sua presença no imaginário popular, mas que, ao final das contas, não conseguia controlar o uso que a mídia fazia de sua própria imagem. Um reacionário e uma potencial ameaça à democracia americana nos anos 1930, mas com um senso político pouco desenvolvido e com uma habilidade política, no sentido estrito do termo, lamentável; incapaz, a não ser em momentos raros, de controlar suas palavras e formar consensos e compromissos mais sólidos.

Ele era, no entanto, acima de tudo um soldado, alguém que vivia e respirava a vida militar e a guerra e não conseguia ir muito além. Ele tinha concepções próprias a respeito da guerra, da vida militar e do seu papel na História e estas sempre giravam em torno da glória, da fama e da vitória. Sua vida toda foi dedicada a esses temas e tudo o mais era mero detalhe frente a isso.

Não que ele não tivesse algumas ideias políticas, fortemente reacionárias, ou fosse incapaz de ver o mundo fora dos quartéis. Mas toda a sua visão da História, das pessoas e dos povos girava em torno da vida militar e da missão que ele imaginava ter no mundo, ou seja, em última instância, satisfazer suas ambições pessoais.

Ele sempre manifestou desprezo pela democracia e pelos sindicatos operários, era anticomunista convicto e defendia o uso da força contra o que ele via como baderna e desrespeito à ordem. Uma visão típica de alguém bem-nascido, mas, em essência, a de um militar que só conseguia pensar em termos de hierarquia e ordem. Ele também acreditava piamente, como quase todos os membros da elite WASP (branca, anglo-saxã e protestante) dos Estados Unidos naquele momento, na superioridade da "raça branca" e, dentro dela, dos anglo-saxões, e nutria desprezo por praticamente todo o resto. Para ele, os negros eram indolentes e preguiçosos, os orientais desprezíveis e os judeus uma raça de sub-homens. Os árabes e os sicilianos não estavam muito além e também os russos não valiam grande coisa. Em termos de disciplina, ordem, valores, provavelmente o povo que Patton mais apreciou na Europa foi o alemão.

Em última instância, na verdade, essas percepções eram as mais comuns entre os americanos médios naquela época e muitos soldados americanos, na Europa, admitiram se sentir mais próximos dos alemães do que de alguns dos povos que eles libertaram, como os italianos ou os franceses.

Patton era capaz, contudo, de admirar as qualidades militares dos samurais japoneses, horrorizou-se com o triste espetáculo dos campos de extermínio nazistas e, no seu próprio Exército, não viu problemas em trabalhar com oficiais competentes judeus, como Oscar Koch, ou ter um grande número de ítalo-americanos em suas tropas. Também não hesitou, ao contrário de outros, em colocar soldados negros na linha de frente ou ser diplomático com os franceses, os britânicos ou os soviéticos se isso lhe era conveniente. Seu racismo e seus preconceitos estavam subordinados, portanto, à eficiência da sua organização, do seu instrumento para o sucesso, do seu Exército.

O mesmo pode ser dito dos seus objetos de ódio. Os alemães, mesmo sendo de "raça branca", do norte da Europa, eram odiados por ele em profundidade, posto que eram o inimigo. Assim que foram derrotados, contudo, Patton passou a tratá-los melhor e de maneira mais condescendente. Os soviéticos e os japoneses, por sua vez, nunca foram vistos positivamente pelo general, mas só se tornaram vítimas preferenciais do seu preconceito quando ele passou a procurar um novo inimigo contra o qual dirigir o seu Exército depois da queda da Alemanha.

Patton também odiava os britânicos, membros da sua própria "estirpe anglo-saxã", pelo simples fato de que, muitas vezes, ele os viu como aqueles que bloqueavam o seu caminho para realizações militares ainda maiores. O mesmo vale para suas relações com o Alto-Comando Aliado, com Eisenhower, Bradley, Alexander, por exemplo. Tudo, na sua vida, estava subordinado a *sua* visão de soldado.

Na sua busca pela glória, Patton, entretanto, foi o homem certo no lugar certo. Ele não era um gênio militar no sentido de ser um visionário ou um homem além do seu tempo. Suas vastas leituras de História Militar não fizeram dele alguém que trouxesse grandes inovações ao campo e suas hesitações em relação à guerra blindada e suas vantagens frente à cavalaria indicam apenas que ele estava perfeitamente dentro das polêmicas e discussões de sua época.

Patton também não era um comandante tão dotado (e nem deixou uma herança, em termos de pensamento tático, tão excepcional assim) como a mitologia em torno de seu nome tende a nos fazer acreditar. Ele tinha deficiências no entendimento da logística, não sabia lidar bem com problemas como fortificações. Patton também insistia em atacar a qualquer custo, o que, caso tivesse enfrentado um inimigo mais forte ou estivesse no comando de um Exército menos rico e com recursos menos limitados do que o dos Estados Unidos, poderia ter sido desastroso.

Não obstante, ele tinha uma capacidade extraordinária de compreender as fraquezas do inimigo e aproveitar as oportunidades que apareciam. Também era um mestre, como bom oriundo da cavalaria, em utilizar a mobilidade para golpear sem tréguas o inimigo. Para alguns analistas, na verdade, ele foi o melhor dos comandantes aliados quando se tratava de demonstrar o poder de choque das modernas forças blindadas e mecanizadas combinadas com a agressividade da cavalaria. Essa avaliação é, provavelmente, justa.

O guerreiro Patton também foi inovador no uso de armas combinadas e seu esforço em se manter sempre na frente das tropas e motivá-las era típico de um grande líder. Ele mereceu a fama que ganhou em campo de batalha, ainda que tenha sido um tanto exagerada na época e mesmo depois.

Patton era um brilhante comandante militar e um líder incontestável que, ao mesmo tempo, se tornou conhecido por adotar um estilo pessoal e ser hábil em atrair para si a atenção da mídia. Não foi, portanto, um puro fenômeno midiático, um general sem qualidades cuja fama foi criada apenas pelos jornais e filmes. Porém, também não se explica a sua permanência na cultura pop sem levar em conta esse seu lado "marqueteiro".

A fama, na verdade, em momentos distintos da carreira e da vida de Patton, mostrou-se uma vantagem e uma desvantagem. Às vezes, ela apoiou a sua ascensão ou o salvou de críticas, pois não podia se conceber a guerra sem a participação do que a opinião pública acreditava ser "maior general da América". Demiti-lo podia se tornar um problema para os políticos e oficiais superiores, dada a sua popularidade. Por outro lado, estar *sempre* sob os holofotes da mídia podia ser muito complicado para alguém com sua personalidade, posturas e atitudes tão polêmicas.

Na sua passagem pela Terra, Patton se revelou um ser humano pouco admirável, com pensamentos elitistas, racistas, antidemocráticos e sexistas. Também se revelou uma pessoa por quem é difícil sentir simpatia, já que tratava amigos e inimigos com brutalidade e abusava de seu poder e posição para atingir seus objetivos, sendo invejoso e autoritário. Ele também era uma pessoa incrivelmente egocêntrica e algumas de suas atitudes beiram às de um irresponsável. Mesmo assim, seu período de permanência nesta vida teve um saldo positivo, pois o general colaborou, com seus dotes, para a derrota do nazismo.

Como homem e como pessoa, Patton foi uma pessoa extremamente complicada e de difícil trato. Mas, para nossa sorte, ele foi um guerreiro talentoso no lugar e na hora certos e que usou suas habilidades lutando pelo lado justo, o que faz dele um herói famoso, como ele tanto queria.

O DISCURSO DE PATTON AO 3º EXÉRCITO ANTES DA INVASÃO DA FRANÇA

O discurso feito por Patton aos soldados do seu Exército entre fins de maio e início de junho de 1944 é considerado um dos mais brilhantes e eficientes, em termos de motivação de homens, já elaborado. Ele repetiu o discurso – lotado de expressões obscenas e de gírias racistas e sexistas da época – meia dúzia de vezes, com algumas variações. Em essência, ele disse sempre a mesma coisa, tentando estimular, com sua linguagem obscena e seu carisma, jovens recrutas, provavelmente assustados com a ideia do combate próximo, a agirem como veteranos e com o moral elevado. Se isso funcionava ou não, pode ser questionável, mas era a marca de Patton.

Ele chegava ao local, onde as tropas estavam reunidas, em uma Mercedes preta, usando capacete, botas de montaria e uniforme completo, portando dois revólveres de cabo de marfim, e, às vezes, um chicote, para formar um personagem perfeito e cujo único "porém", provavelmente, era não poder alterar o tom pouco másculo da voz. O conteúdo do seu discurso merece ser transcrito na íntegra, pois é um verdadeiro resumo do que era o general e, ao ser reproduzido em boa parte na abertura do filme *Patton*, de 1970, tornou-se fundamental para consolidar a sua imagem entre o grande público.

Sentados!

Homens, tudo o que vocês ouviram falar a respeito da América não querer lutar, preferindo ficar fora desta guerra, é uma imensa besteira. Americanos adoram lutar! Todos os americanos adoram a excitação da batalha. Quando vocês eram crianças, admiravam o campeão de bolinhas de gude, o corredor mais rápido, os jogadores de futebol e os lutadores de boxe mais durões. Americanos adoram um vencedor e não toleram um perdedor. Americanos jogam para vencer todo o tempo. É por isso que os americanos jamais perderam e nem perderão uma guerra. O simples pensamento de perder é detestável para os americanos. A batalha é a maior competição em que um homem pode entrar. Ela traz para fora todo o seu melhor e destila o que não é.

Vocês não vão morrer. Somente dois por cento dos que aqui estão hoje serão mortos em uma grande batalha. Todo homem está apavorado na sua primeira ação. Se ele disser que não está, ele é um mentiroso. Mas o real herói é o homem que luta mesmo apavorado. Alguns homens superam seu medo em um minuto sob fogo, outros levam uma hora e outros alguns dias. Mas um verdadeiro homem não permite que seu medo da morte supere sua honra, seu senso de dever para com seu país e sua masculinidade.

Por toda a sua trajetória no Exército, vocês homens se queixaram a respeito do que vocês chamam um treinamento de merda. Ele existe para um objetivo – para garantir obediência imediata às ordens e para que vocês aprendam a permanecer alertas todo o tempo. Eu não dou a mínima para um homem que não está sempre alerta. O treinamento fez de vocês todos veteranos.Vocês estão prontos! Um homem tem que estar alerta todo o tempo se ele quer continuar respirando. Senão, algum alemão *fdp* vai se esgueirar atrás dele e bater nele até a morte com uma meia cheia de merda! Há quatrocentos túmulos nitidamente marcados na Sicília, e todos só estão lá porque um homem decidiu dormir em serviço. Mas são túmulos alemães, porque nós pegamos os bastardos dormindo antes que o seu oficial o fizesse!

Um Exército é uma equipe! Ele vive, come, dorme e luta como uma equipe. As histórias sobre o herói individual são idiotice. Os idiotas bastardos que escrevem essas coisas para o *Saturday Evening Post* sabem tanto sobre batalhas reais como sobre *f*. E nós temos a melhor equipe – nós temos a melhor comida e equipamento, o melhor espírito de luta e os melhores homens do mundo. Por Deus, eu acabo por ficar com pena daqueles pobres bastardos com os quais nós iremos lutar.

Todos os verdadeiros heróis não são guerreiros imaginários. Cada homem no Exército desempenha um papel vital. Então, não se esqueçam disso. Nem imaginem que o seu trabalho não é importante. O que aconteceria se cada motorista de caminhão decidisse que ele não gosta do barulho das bombas, ficasse amarelo de medo e saltasse direto em uma trincheira? O covarde bastardo podia dizer para si mesmo "Inferno, eles não vão notar minha falta, um único homem entre tantos milhares". O que aconteceria se cada homem dissesse isso? Onde, inferno, nós iríamos parar então? Não, graças a Deus, americanos não dizem isso. Cada homem faz seu trabalho. Cada trabalho é importante. Os homens da intendência são necessários para abastecer as armas e nos trazer comida e roupas, porque lá para onde iremos não haverá muito para roubar. Cada maldito homem no refeitório, mesmo aquele que esquenta a água para nos ajudar a manter longe a merda dos soldados, tem um trabalho a fazer.

Cada homem tem que pensar não apenas em si, mas também no seu companheiro que luta ao seu lado. Nós não queremos covardes bastardos no Exército. Eles deveriam ser mortos como se fossem moscas. Senão, eles irão para casa depois da guerra, malditos covardes, para gerar novos covardes. Os homens corajosos irão gerar novos homens corajosos. Matem todos os malditos covardes e nós teremos uma nação de homens bravos e corajosos.

Um dos homens mais valentes que eu conheci na campanha africana estava em um poste telegráfico no meio de uma furiosa troca de tiros enquanto nós nos movimentávamos na direção de Túnis. Eu parei e perguntei para ele o que diabos ele estava fazendo lá em cima. Ele respondeu "Consertando o cabo, senhor". "Não é um pouco perigoso aí em cima nesse momento?", eu perguntei. "Sim, senhor, mas este maldito cabo tem que ser consertado". Eu perguntei: "Todos estes aviões atacando a estrada não incomodam você?". E ele respondeu: "Não, senhor, mas o senhor certamente incomoda". Este é realmente um verdadeiro soldado. Um verdadeiro homem. Um homem que devotou tudo o que tinha à sua tarefa, não importando as chances, não importando quão insignificante parecia a sua tarefa naquele momento.

E vocês deveriam ter visto os caminhões na estrada para Gabès. Aqueles motoristas foram magníficos. Por todo um dia e uma noite eles avançaram naquela maldita estrada, nunca parando, nunca se desviando do seu caminho, com bombas estourando ao seu redor. Muitos dos homens dirigiram quarenta horas seguidas. Nós fomos em frente usando apenas a boa e velha coragem americana. Estes não eram combatentes. Mas eles eram soldados com um trabalho a fazer. Eles eram parte de uma equipe. Sem eles, a luta teria sido perdida.

Certamente, todos nós queremos voltar para casa. Nós queremos acabar com esta guerra. Mas vocês não podem ganhar uma guerra ficando parados sem fazer nada. A maneira mais rápida de acabar com ela é acabar com os bastardos que a começaram. Nós vamos levar o inferno até eles, resolvemos as coisas e então iremos em cima daqueles malditos japoneses. Quanto mais rápido nós os arrebentarmos, mais rápido iremos para casa. A maneira mais curta para ir para casa é através de Berlim e Tóquio. Assim, continuem a se mover. E quando nós chegarmos a Berlim, eu vou pessoalmente atirar naquele *fdp* pintor de paredes do Hitler.

Se um homem fica numa trincheira, se ele apenas fica lá o dia todo, um boche vai acabar matando-o. Para o diabo com isto. Meus homens não cavam abrigos e trincheiras. Abrigos apenas retardam uma ofensiva. Continuem em frente. Nós venceremos esta guerra, mas só a venceremos lutando e mostrando aos alemães que nós temos mais coragem do que eles têm ou terão algum dia. Nós não vamos apenas atirar nos bastardos, nós vamos abrir as malditas tripas deles e usá-las para lubrificar as esteiras dos nossos tanques. Nós vamos matar estes hunos piolhentos e chupadores de *c*, e aos montes!

Alguns de vocês estão se perguntando se irão ou não se acovardar sob fogo. Não se preocupem com isso. Eu posso assegurar que vocês farão o seu dever. Guerra é um negócio sangrento. Os nazis são o inimigo. Atirem neles.

Derramem o sangue deles ou eles irão derramar o de vocês. Atirem neles no estômago. Abram as barrigas deles. Quando as granadas de artilharia estiverem explodindo ao redor de vocês e vocês limparem a sujeira dos seus rostos e, ao verem que não é sujeira, mas sangue e tripas de alguém que foi o seu melhor amigo, vocês saberão o que fazer.

Eu não quero receber mensagens dizendo "Estou mantendo minha posição". Nós não estamos mantendo merda nenhuma. Nós avançaremos constantemente e nós não estamos interessados em agarrar coisa nenhuma, a não ser as bolas do inimigo. Nós vamos agarrá-lo pelas bolas e chutá-lo pela bunda. Torça as suas bolas e faça a merda dele sair para fora. Nosso plano de operações é avançar e continuar avançando. Nós iremos através do inimigo tão rápido e suave como merda através de um tubo de lata!!

Haverá algumas queixas de que estamos forçando demais os nossos homens. Eu não dou a mínima para essas queixas. Eu acredito que uma onça de suor economizará um galão de sangue. Quanto mais forte nós pressionarmos, mais alemães nós mataremos. Quanto mais alemães nós matarmos, um número menor dos nossos homens morrerá. Atacar com força significa menos baixas. Eu quero que todos vocês se lembrem disso.

Meus homens não se rendem. Eu não quero ouvir falar de um soldado sob o meu comando sendo capturado ao menos que ele esteja ferido. Mesmo se você estiver ferido, você ainda pode lutar. E isso não é besteira. Eu quero homens como o tenente na Líbia, que, com uma Luger no seu peito, conseguiu desviar a arma com uma mão, punheteou o capacete com a outra e finalizou o boche com ele. Ele então pegou a arma e matou outro alemão. Todo este tempo, este homem tinha uma bala no seu pulmão. Este é o exemplo de homem que vocês devem seguir.

Não se esqueçam, vocês não sabem que eu estou aqui. Nem uma palavra sobre isso deve ser mencionada em suas cartas. O mundo não deve saber o que foi feito de mim. Eu não estou, em teoria, comandando este Exército. Eu não estou nem mesmo aqui na Inglaterra! Deixem que sejam os alemães os primeiros bastardos a descobrir a verdade. Um dia, eu quero que eles se ergam, com as pernas todas mijadas de medo, urrem e digam "Ach! É o maldito 3º Exército e aquele *fdp* do Patton novamente".

Então, haverá algo que vocês serão capazes de dizer quando esta guerra terminar e vocês voltarem para casa. Daqui a trinta anos, quando vocês estiverem sentados na frente do fogo, com seu neto no colo, e ele perguntar: "O que você fez na Segunda Guerra Mundial?", vocês não terão que tossir e dizer "Bem, seu avô ficou todo o tempo com uma pá jogando bosta de um lado para outro na Louisiana". Não, vocês poderão olhar diretamente nos olhos dele e dizer: "Filho, seu avô marchou com o grande 3º Exército e um grandíssimo *fdp* chamado George Patton".

Ok, seus *fdp*, vocês sabem como eu me sinto. Eu estarei orgulhoso de liderar vocês, maravilhosos rapazes, em batalha em qualquer lugar, em qualquer momento. É tudo.

Fonte: BRIGHTON, Terry. *Patton, Montgomery, Rommel: Masters of War*. New York: Crown Publishers, 2009, pp. 261-265. Tradução livre do autor.

Obs.: Algumas expressões tiveram que ser alteradas para fazerem sentido. Um exemplo seria *"purple-pissing japs"*, que ele usa ao se referir aos japoneses. O termo poderia ser traduzido, literalmente, como "aqueles que urinam púrpura", numa referência depreciativa ao fato de os japoneses se imaginarem especiais, homens do imperador. Outras expressões datadas – muitas das quais não fazem sentido nem mesmo para falantes atuais do inglês – também foram substituídas, mas sem alterar o tom do texto.

Fontes e Bibliografia Comentada

O U.S. Army Military History registra, em 2010, mais de cem livros com a palavra Patton no título, sem contar um número imenso, quase incalculável, de livros e artigos que abordam as campanhas em que ele participou. Também foram publicados muitos livros sobre ele em formato de minibiografias, coletâneas das suas frases mais famosas e até mesmo livros de autoajuda ou de gestão empresarial que tentam utilizar o "estilo Patton de comando". Na presente listagem, são elencados apenas, contudo, os livros mais importantes para a redação desta obra.

AMBROSE, Stephen. *Soldados cidadãos.* Rio de Janeiro: Bertrand Brasil, 2001.

Escrito para o grande público, tem o atrativo de enfatizar o cotidiano dos soldados americanos em ação na frente europeia em 1944-1945. Um pouco acrítico em alguns momentos, mas serve para fazer uma contraposição entre a vida dos generais e estrategistas e aquela dos soldados comuns, que tinham que realizar as missões e arriscar suas vidas pelos primeiros. Outros livros do autor, com o mesmo tom, estão disponíveis.

AXELDROD, Alan. *Patton: a Biography.* New York: Palgrave Macmillan, 2006.

Curta e informativa biografia, que reutiliza trabalhos anteriores, especialmente de Blumenson. Sua principal qualidade é seu estudo da influência dos princípios táticos de Patton no pensamento militar contemporâneo dos Estados Unidos. No entanto, o livro peca por exagerar essa influência, como se tudo o que veio depois fosse herança do general. Também é excessivamente laudatório, relativizando demais os erros do general e os defeitos do homem Patton. Em boa medida, já que o autor escreveu também um livro em que Patton é apresentado como fonte de princípios de liderança que poderiam ser aplicados no mundo empresarial (*Patton on Leadership: Strategic Lessons for Corporate Warfare.* New York: Penguin Book, 2001), isso pode ser explicado justamente pelo interesse do autor nesse lucrativo filão editorial.

AXELROD, Alan. *Patton's Drive: The making of America's greatest general.* Guilford/Connecticut: The Lyon Press, 2009.

Quase um complemento do livro anterior, foca no período de formação da personalidade do general e nos acontecimentos anteriores à Segunda Guerra Mundial. Não deixa de trazer dados interessantes, mas também é excessivamente laudatório. Mais do que isso, é um livro anti-histórico, pois dá a entender que a grandeza de Patton em 1942-1945 já estava determinada pelo que ele viveu antes, como se tudo o que ocorreu já estivesse traçado no seu destino.

BERTONHA, João Fábio. *A Segunda Guerra Mundial.* São Paulo: Saraiva, 2001 e *A Primeira Guerra Mundial: o conflito que mudou o mundo (1914-1918).* Maringá: Eduem, 2011 (no prelo).

Livros introdutórios, que ajudam a contextualizar vários dos assuntos e temas aqui abordados, como as origens das guerras mundiais, a participação dos Estados Unidos em ambas, a batalha da produção e da propaganda etc.

BERTONHA, João Fábio. *Geopolítica e relações internacionais na virada do século XXI. Uma história do tempo presente.* Maringá: Eduem, 2006 e *Geopolítica, defesa e desenvolvimento: a primeira década do século XXI na América Latina e no mundo.* Maringá: Eduem, 2011.

Nestes dois livros, apesar de não abordar o tema da Segunda Guerra Mundial e nem a figura de Patton, apresento vários artigos sobre o poder militar dos Estados Unidos e sua configuração no momento atual, o que pode ser útil para os interessados em complementar o estudo sobre como o pensamento do general influiu na doutrina militar contemporânea dos Estados Unidos.

BERTONHA, João Fábio. *Rússia: ascensão e queda de um Império. Uma história geopolítica e militar da Rússia, dos czares ao século XXI.* Curitiba: Juruá, 2009.

O outro lado da História, com um foco na participação russa nas duas guerras mundiais e na Guerra Fria. Uma boa maneira de fazer uma contraposição à participação dos Estados

FONTES E BIBLIOGRAFIA COMENTADA **145**

Unidos nos dois conflitos mundiais e, talvez, de comparar a atuação de homens como Patton ou Bradley com as de Zhukov ou Timoshenko.

BLUMENSON, Martin. *Patton: The man behind the legend, 1885-1945*. New York: Harper Collins (Quill), 1985.

Uma das biografias clássicas sobre Patton, tendo sido escrita por um homem que fez parte do 3º Exército justamente como seu historiador oficial e que, depois, continuou nas forças armadas com essa função e se tornou um renomado historiador militar. Claramente favorável ao general, quase a sua biografia oficial, mas acessível e bem escrita.

BLUMENSON, Martin. *The Patton's Papers*. Boston: Houghton Mifflin, 1972 e 1974.

Os dois volumes (1885-1940 e 1940-1945) foram organizados por Blumenson e contêm cartas, documentos, diários, escritos diversos e outros materiais produzidos por Patton no decorrer de sua vida. São quase duas mil páginas de documentos impressos, fundamentais para os que querem ter uma visão da vida do homem e do general a partir dos seus próprios escritos e recordações.

BRIGHTON, Terry. *Patton, Montgomery, Rommel: Masters of War*. New York: Crown Publishers, 2009.

Interessante livro em que são comparadas as vidas e carreiras de três dos maiores generais da Segunda Guerra Mundial. Especialmente válidas são as reflexões sobre a experiência de combate dos três, como oficiais juniores, em 1914-1918 e como essa experiência influenciou a concepção posterior deles a respeito dos blindados e da guerra como um todo.

D'ESTE, Carlo. *Patton: a genius for war*. New York: Harper Collins, 1995.

Exaustiva biografia de Patton, com 900 páginas, mas que acaba por esgotar o leitor com detalhes mínimos sobre sua vida, como a hipótese de ele ser disléxico. Fornece um bom número de informações factuais sobre ele, mas não inova realmente em termos interpretativos, apesar de discutir alguns mitos. Útil para quem quer começar a estudar a figura de Patton, ou para seus admiradores mais fiéis.

FARAGO, Ladislas. *Patton: Ordeal and Triumph*. New York: Astor-Honor, 1964.

Escrita por um jornalista, roteirista e agente de inteligência, foi uma das primeiras obras publicadas a respeito de Patton e uma das bases do filme produzido em 1970. Sendo assim, foi importante para consolidar o mito Patton na cultura americana; no entanto, a pesquisa e a metodologia são pouco confiáveis e o tom é excessivamente elogioso.

HASTINGS, Max. *Apocalisse Tedesca: La Battaglia finale, 1944-1945*. Milano: Mondadori, 2006.

Uma detalhada descrição dos dois anos finais da Segunda Guerra do ponto de vista alemão. Apesar de não trazer nada novo em termos de fatos mais do que conhecidos, é interessante por colocar em comparação as frentes Ocidental e Oriental e por trazer acuradas análises comparativas dos principais líderes militares aliados e alemães.

HIRSHON, Stanley P. *General Patton: A Soldier's life*. New York: Perennial, 2002.

Uma das melhores biografias escritas sobre Patton, com quase 900 páginas e uma das bases para a redação do presente livro. Escrita por um historiador renomado e profissional, é uma obra muito bem pesquisada e redigida. Efetivamente, o autor consultou inúmeros arquivos

146 PATTON

públicos e privados nos Estados Unidos e na Inglaterra e passou anos estudando os papéis do general Patton. Assim, é capaz de fundamentar quase todas as suas opiniões com o uso de documentos e demolir ou confirmar mitos e lendas sobre o biografado. Especialmente com relação ao homem Patton e sua vida particular, é insuperável.

Nessa ênfase na documentação e, nos documentos privados também está, contudo, a sua grande falha. Histórias de amor da irmã ou de parentes de Patton, os testamentos privados destes ou questões muito pessoais que não influenciaram sua carreira acabam recebendo um destaque talvez excessivo, o que cansa o leitor mais interessado em questões maiores.

Ao mesmo tempo, a falta de uma contextualização geral dificulta uma compreensão maior do leitor menos informado sobre a época em que Patton vivia. Há pouca informação, por exemplo, sobre a história do Exército dos EUA no período de Patton ou sobre a política daquele tempo, o que limita o entendimento sobre as oportunidades e os limites que Patton encontrou em sua vida. O fato de o livro ter sido escrito para um público americano também dificulta a leitura de estrangeiros, pois dá como certa a posse de determinadas informações sobre a história dos EUA que a maioria das pessoas não tem. Mesmo assim, fundamental.

KENNEDY, David M. *Freedom from Fear. The American people in Depression and War, 1929-1945.* New York e Oxford: Oxford University Press, 1999.

Excelente análise geral sobre a política e as condições econômicas dos EUA nas décadas de 1930 e 1940 e sobre a mobilização do país durante o conflito. Permite entender melhor o contexto em que foi construído o novo Exército americano a partir de 1941 e suas vantagens e desvantagens frente aos demais.

KENNEDY, Paul. *Ascensão e queda das grandes potências*: transformação econômica e conflito militar de 1500 a 2000. Rio de Janeiro: Editora Campus, 1989.

Livro brilhante, em que o autor procura discutir as razões da ascensão e queda das grandes potências no cenário mundial desde 1500 até o ano 2000. O capítulo sobre a Segunda Guerra Mundial enfatiza especialmente a questão da batalha da produção e das razões materiais da vitória dos Aliados, o que permite colocar em contexto a atuação de Patton.

MANDEL, Ernest. *O significado da Segunda Guerra Mundial.* São Paulo: Ática, 1989.

O autor, famoso trotskista, escreveu um trabalho que aborda com extremo cuidado as questões políticas da guerra e o problema da inovação tecnológica e científica nela. Útil quando se pensa nas posições políticas de Patton ao final do conflito e se procura colocá-las em perspectiva.

PATTON JR., George S. *War as I Knew it.* Boston and New York: Houghton Mifflin Company, 1947. Nova edição com prefácio de Rick Atkinson, 1995. (Ed. Bras. *A guerra que eu vi.* Rio de Janeiro: Biblioteca do Exército, 1979).

Publicado originalmente logo após a morte do general e com várias reimpressões posteriores, reúne cartas e anotações esparsas dele selecionadas pela esposa e amigos. Um misto de diário de viagem com observações sobre o norte da África, Itália e Europa e comentários sobre questões militares e relativas ao comando e à liderança. Útil para conhecer o pensamento de Patton sobre algumas questões gerais, mas sem material muito comprometedor em termos políticos.

WILCOX, Robert K. *Target: Patton: The Plot to Assassinate General George S. Patton*. Washington: Regnery Publishing, 2008.

O livro descreve, como visto, a possível conspiração para assassinar Patton, a qual teria culminado com a sua morte em 1945. Metodologicamente pouco confiável, é útil para uma análise externa de como as teorias da conspiração e os interesses da direita americana utilizam o mito do general para fins comerciais e políticos. Não espanta, aliás, que tenha sido publicado por uma editora com essa perspectiva ideológica.

ZALOGA, Steven J. *George S. Patton*. Oxford: Osprey, 2010.

Publicado pela famosa editora de temas militares Osprey, este pequeno manual faz um resumo da vida de Patton e das suas batalhas, com ênfase em mapas, fotos e diagramas. Sua principal qualidade, além da concisão e do aspecto gráfico, é a análise comparativa entre a atuação de Patton e a de seus principais oponentes alemães durante o conflito, além de uma útil apresentação das biografias dos principais subordinados de Patton no 3º Exército.

Filmes e documentários citados

PATTON
EUA, 1970, 172 minutos.
Direção: Franklin J. Schaffner
Roteiro: Francis Ford Coppola e Edmund H. North
Produção: Frank Caffey e Frank McCarthy
Atores principais: George C. Scott, Karl Malden, Stephen Young, Michael Strong.

THE LAST DAYS OF PATTON
EUA, 1986, 146 minutos.
Direção: Delbert Mann
Roteiro: William Luce
Produção: Alfred R. Kelman e William F. Storke
Atores principais: George C. Scott, Richard Dysart, Murray Hamilton, Ed Lauter.

THE REMARKABLE LIFE AND MYSTERIOUS DEATH OF GENERAL PATTON
Apresentador: Oliver North
Primeira exibição: 22/12/2008. (Fox News)

Carreira militar de George Smith Patton, Jr.

(Posto e data de promoção)

Segundo-tenente	11/6/1909
Primeiro-tenente	23/5/1916
Capitão	15/5/1917
Major	26/1/1918
Tenente-coronel	30/3/1918
Coronel	17/10/1918
Capitão	30/6/1920 (reversão pós-guerra)
Major	1/7/1920
Tenente-coronel	1/3/1934
Coronel	1/7/1938
Brigadeiro-general	1/10/1940 (permanente em 16/8/1944)
Major-general	4/4/1941 (permanente em 16/8/1944)
Tenente-general	12/3/1943
General	14/4/1945

CRONOLOGIA GERAL

1/8/1914 — Início da Primeira Guerra Mundial.
16/3/1916 — A expedição punitiva do general Pershing entra no México.
2/4/1917 — Os Estados Unidos declaram guerra às Potências Centrais.
19/5/1917 — O general John Pershing assume o comando da Força Expedicionária Americana.
20/11/1917 — Início do primeiro ataque maciço de tanques na história, em Cambrai.
11/11/1918 — Final da Primeira Guerra Mundial.

154 PATTON

28/7/1932	–	Manifestações de veteranos de guerra em Washington reprimidas por tropas do Exército.
1/9/1939	–	Tropas alemãs invadem a Polônia. Começa a Segunda Guerra Mundial.
3/9/1939	–	A França e o Império Britânico declaram guerra à Alemanha.
28/9/1939	–	As Forças Armadas polonesas capitulam.
9/4/1940	–	Os alemães invadem a Dinamarca e a Noruega.
10/5/1940	–	Tropas alemãs entram na Holanda, Bélgica e Luxemburgo. Na Inglaterra, Winston Churchill se torna primeiro-ministro.
10/6/1940	–	A Itália entra na guerra.
22/6/1940	–	Rendição francesa.
13/8/1940	–	Começa a batalha entre a Luftwaffe e a Royal Air Force.
20/1/1941	–	Hitler envia para a África o Afrikakorps sob o comando do general Erwin Rommel, para apoiar os italianos.
31/3/1941	–	Ofensiva ítalo-alemã no norte da África.
13/4/1941	–	Os alemães conquistam Belgrado, Iugoslávia.
27/4/1941	–	Tropas alemãs ocupam Atenas, Grécia.
22/6/1941	–	Começa a Operação Barbarossa, o ataque nazista à URSS.
15/8/1941	–	Os alemães completam a conquista da Ucrânia.
16/11/1941	–	Começa a grande ofensiva alemã contra Moscou.
6/12/1941	–	Os soviéticos contra-atacam em Moscou.
7/12/1941	–	Ataque japonês à Pearl Harbour, Havaí. Os Estados Unidos entram em guerra contra o Japão.
11/12/1941	–	Itália e Alemanha declaram guerra aos Estados Unidos.
24/12/1941	–	Contraofensiva britânica na África do norte.
21/1/1942	–	Início da segunda grande ofensiva de Rommel na Líbia.
4/6/1942	–	Grande batalha aeronaval entre americanos e japoneses em Midway.
23/8/1942	–	Início da Batalha de Stalingrado.
3-5/11/1942	–	Vitória inglesa em El-Alamein, Egito.
8/11/1942	–	Desembarque anglo-americano no Marrocos e na Argélia.
31/1/1943	–	Rendição do Exército alemão em Stalingrado.
12/5/1943	–	As tropas do Eixo se entregam na Tunísia.
10/7/1943	–	Tropas aliadas desembarcam na Sicília.
25/7/1943	–	Queda do governo Mussolini e do regime fascista.
8/9/1943	–	Rendição italiana.

6/6/1944	–	O Dia D. Os Aliados desembarcam na Normandia.
24/8/1944	–	Paris é libertada.
16/12/1944	–	Contraofensiva alemã nas Ardenas, Bélgica.
17/1/1945	–	O Exército Vermelho liberta Varsóvia.
7/3/1945	–	Tropas americanas atravessam o rio Reno.
12/4/1945	–	Morte do presidente Roosevelt.
25/4/1945	–	Tropas americanas e soviéticas se encontram em Torgau, Alemanha.
30/4/1945	–	Hitler se suicida em Berlim.
8/5/1945	–	Rendição alemã.
6 e 8/8/1945	–	Bombas atômicas em Hiroshima e Nagasaki.
2/9/1945	–	Rendição do Japão.

O AUTOR

João Fábio Bertonha é doutor em História pela Unicamp, professor da Universidade Estadual de Maringá e pesquisador do CNPq, tendo recentemente concluído um pós-doutorado na Itália. Atuou como pesquisador visitante em várias universidades na Europa (Inglaterra, França, Bélgica, Itália, Espanha e Portugal) e na América (Estados Unidos, Canadá, México, Argentina e Uruguai). Seus principais interesses são: geopolítica contemporânea, estratégia, História Militar, relações internacionais, História da Itália, dos Estados Unidos e do Canadá, fascismo, integralismo e imigração italiana. É também palestrante e escreve habitualmente para revistas, jornais e sites. É autor de mais de uma dezena de livros, entre eles *Os italianos*, publicado pela Editora Contexto.

CURTA NOSSA PÁGINA NO

Participe de sorteios, promoções, concursos culturais e fique sabendo de todas as nossas novidades.

www.editoracontexto.com.br/redes

HISTÓRIA • LÍNGUA PORTUGUESA • GEOGRAFIA • EDUCAÇÃO • MEIO AMBIENTE • JORNALISMO • INTERESSE GERAL
FORMAÇÃO DE PROFESSORES • SOCIOLOGIA • FUTEBOL • GUERRA - MILITARIA • ECONOMIA • TURISMO

Cadastre-se no site da Contexto e fique por dentro dos nossos lançamentos e eventos.
www.editoracontexto.com.br